Desenredando los Misterios de la Fe

GEORGE PANTAGES

George Pantages Ministries

Desenredando los Misterios de la Fe

Por George Pantages

Impreso en los Estados Unidos de América

ISBN 978-0-9827695-0-8

Todos los derechos reservados exclusivamente por el autor. El autor garantiza a todos el contenido es original y no infringir los derechos legales de ninguna otra persona o el trabajo. Ninguna parte de este libro puede ser reproducida en cualquier forma sin el permiso del autor. Las opiniones expresadas en este libro no son necesariamente las del editor.

A menos que se especifique lo contrario, todos los pasajes de las Escrituras son extraídos de la versión Reina Valera 1960.

George Pantages Ministries

George Pantages
Cell 512 785-6324
geopanjr@yahoo.com
Georgepantages.com

Índice

Capítulo 1
UN ESPÍRITU DIFERENTE 11

Capítulo 2
CONFORME A TU FE 25

Capítulo 3
COMO NIÑOS 39

Capítulo 4
¿DÓNDE ESTÁ TU FE? 55

Capítulo 5
ES DEMASIADO DURO (DIFÍCIL) 71

Capítulo 6
SE BUSCA: MUERTO, NO VIVO 85

Capítulo 7
ENVIADO POR DIOS 97

Capítulo 8
PARADOJAS 109

Capítulo 9
CUANDO LA COPA ESTÁ LLENA 121

Capítulo 10
LEVANTADOS PARA GRANDEZA 137

Dedicación

Este libro está dedicado a mi hermosa esposa, María. El Señor trajo ella a mi vida en un momento en que estaba en ruinas. La ha utilizado en el proceso de restauración de una manera que nunca pensé posible. Sabía que recoger las piezas a mi vida destrozada sería una tarea que abarca todo, teniendo una cantidad exorbitante de tiempo, ejerciendo una tonelada de energía, y empleando toda la paciencia que fui capaz. No estaba muy seguro de que tenía la voluntad de completar esta tarea, porque el *Día Malo* había tomado la mayor parte de mis fuerzas. Luego, esta tranquila y reservada, de voz suave mujer no sólo me arrastró de mis pies, pero fue capaz de conducir aún lograr de la normalidad en Dios con su paciencia y sentido de humor seco. Me estoy riendo otra vez sin reserva y hay una constante sonrisa en mi cara. Estoy en paz conmigo mismo y me ha lanzado a ser mayor en Dios de lo que yo haya sido. La escritura en Efesios 3:20 dice que Dios puede... *hacer mucho más abundantemente de todo lo que pedimos o entendemos.* Nunca en mis más remotas imaginaciones creí que Dios me bendijera con una mujer tan maravillosa como esta. El Señor es verdaderamente un hombre de su palabra. Te quiero *Cuquí*, con todo mi corazón.

Reconocimiento

Me gustaría aprovechar el tiempo para apreciar las siguientes personas por su contribución en la publicación de este libro:

Michelle Levigne- Editor de Inglés

Jeser García- Traductor de Español

Karen Contreras- Diseño de Portada y Tipografía

Su profesionalismo y experiencia sonó fuerte durante todo el proceso, por lo que mi escritura luce mucho mejor de lo que realmente es.

Había dos congregaciones, en el área de Houston que ayudaron a patrocinar este proyecto y me gustaría reconocer a las personas que fueron generosas en sus donaciones.

Donantes de Oro ($1000)
Edwin & Yesenia Cerna
Santiago & Maricruz Torres

Donantes de Plata ($100)
Albert Garcia
Abel Cortez
Albert Salazar
Pastor Alfred Torres
Bilhan Fuentes
Carlos Medrano
Pastor Daniel Gordon
Esmeralda & Gabriel Delgadillo
Horacio Salazar
Iris Yamilet Gomez
Irma Zoloya
Israel & Maria Ramos
Jorge A. Lazo
Jorge & Melissa Salmeron
Jose & Raquel Cruz
Jose M. Martinez
Julio Cesar Samos Jr.
Margarita Alvarez
Maribel Umanzor
Romel & Beatriz
Khan Rosa Lovatos
Rose M. Reyes
Rosendo & Graciela Rosas
Ruben Montano
Yissell Martinez
Zully J. Millan

Introducción

Todo el mundo ama un misterio, por lo que las películas de misterio y libros por igual son un gran éxito entre sus seguidores. Tratar de entender el argumento y las pistas diferentes en el camino antes que nadie, nos hace prestar toda nuestra atención a cada detalle de la historia. No es de extrañar que los estudios cinematográficos y empresas editoriales de libros tratan de toda manera de asegurarse de que nadie tiene la menor idea de cómo va a terminar cuando su producto salga al publico. Millones y millones de dólares se han gastado con el propósito de desenredar estos misterios frente a sus ojos.

Lamentablemente decir, cuando los misterios de la vida cristiana en nuestro camino, no nos aventuramos a salir con la misma fuerza para resolverlos. Aunque parece ser que la vida cristiana imita al arte, con los misterios sin solución, esto nunca fue la intención del Señor para el cuerpo de Cristo. Las paradojas que nos enfrentamos como cristianos no fueron diseñadas para confundir o frustrar a nosotros a ningún extremo, sino más bien para utilizar como trampolín para llegar a un lugar donde podría desatar nuestra fe. Estas paradojas, aunque inexplicables, sin ton o razón, son los pilares que Dios usa para ayudarnos a formular una vida de fe. Debemos estar dispuestos a tirar la lógica y el razonamiento para el viento por lo que acelerará el proceso de permitir un control total a Dios de nuestras vidas.

Si podemos llegar a ese punto, entonces seremos capaces de renunciar y negar las lecciones erróneas de la fe que se han transmitido hasta nosotros desde generaciones anteriores, enderezando el mal, y moviéndonos en un ámbito de la fe que sea agradable a Dios.

SEÑOR, QUE EL DESENREDO COMIENZE!

Capítulo 1
UN ESPÍRITU DIFERENTE

Pero a mi siervo Caleb, por cuanto hubo en él otro espíritu (un espíritu diferente[1])... yo le meteré en la tierra donde entró

(Números 14:24)

Un día mientras regresaba de almorzar, una compañera de trabajo se me acercó en el parqueo con una petición. Me pidió que si podía hablar con una amiga de ella que iba a su iglesia. Al parecer la amiga de mi compañera de trabajo no quería ir más a la iglesia y ella estaba intrigada por el motivo de su decisión. Sin muchos deseos dije que sí y fuimos hacia el salón de conferencias. Yo estaba titubeante, pues me siento inseguro y con miedo cuando no estoy detrás de un púlpito ministrando. Aconsejar a una joven que no conocía y nunca había visto en mi vida me hacía sentir un poco incómodo. Comencé por pedirle a Dios que me diera una palabra de ciencia para ayudarme a entender hacia dónde quería Él guiar esta conversación. Por experiencia sabía que solo recibiría una parte de lo que debería decir y eso me ponía nervioso. Aún sabiendo que la revelación es progresiva, no se me quitaba esa cosquilla en el estómago que siento cuando soy elegido para ser el mensajero de Dios. Podía sentir la tensión en el ambiente y el hecho de que la joven no quería escuchar lo que estaba a punto de decirle. Ella ya había tomado la decisión de que ir a la iglesia y servir a Dios no era para ella. Entonces me llegó la revelación. Le dije que la razón por la cual ella no quería ir más a esa iglesia en particular era que aunque el Pastor era bilingüe en inglés y español, él prefería usar el idioma más fuerte en él y era el español. Por supuesto, la preferencia de ella era inglés y no estaba captando nada de los sermones y las lecciones que el Pastor daba. Tan pronto esas palabras salieron de mi boca, su lenguaje corporal cambió totalmente. Las expresiones de su cara decían: ¿cómo sabías? Nunca se lo he comentado a nadie.

Sabiendo que ya había roto el hielo continué pidiendo a Dios más revelación. Lo que pasó a continuación iba no solo a ser difícil de decir para mí, más bien difícil de escuchar para ella. Comencé a sentir la presencia del Señor tan fuertemente que parecía que Él había tomado el control de la conversación.

Sintiendo Su amor eterno y el calor de Su presencia dije con lágrimas en mis ojos: "tú estás muy, muy molesta con Dios porque sentiste que Él no te protegió cuando tu papá abusó de ti sexualmente. Sentías que si Dios era un Dios tan amoroso, Él nunca te hubiera permitido vivir esta pesadilla. ¿Cómo Dios puede decir que me ama cuando permite que esto me suceda una y otra vez? ¿Dónde estaba Él cuando más lo necesitaba? Y para empeorar las cosas también comenzó a abusar de mis hermanas pequeñas." En este momento, las lágrimas corrían sin control por sus mejillas. Mi compañera de trabajo también estaba sorprendida por las palabras que acababa de escuchar. Ahora que este horrible secreto había sido descubierto y Dios le había revelado a un extraño sus miedos más grandes y sus pensamientos más íntimos, ella estaba lista para abrir su corazón. Cuando se calmó, comencé a ministrarla en una forma que permitió al Espíritu Santo no solo confortarla en ese momento, si no darle esperanzas para el futuro.

Todavía recuerdo su expresión de desconcierto mientras salía del salón de conferencias. Ella le preguntaba a mi compañera de trabajo: "¿Cómo pudo saberlo, como pudo saberlo todo sobre mí?" Mientras, yo reflexionaba sobre lo que acaba de pasar, me di cuenta que un Espíritu diferente había llegado a mí.

Ahora que tengo su atención, es muy posible que muchos de ustedes se estén preguntando ¿qué es un Espíritu diferente y como puedo obtener uno? Déjenme decirles algo rápido. Aquellos que estén buscando algo distinto y más grande que el Espíritu de Dios que ya recibieron, no lo van a encontrar. Cuando fueron bautizados en Su Espíritu ya recibieron todo el poder de Dios que necesitaban para triunfar en Él. Hablaremos de esto más adelante en el libro, pero para evitar confusiones entiendan esto. Un Espíritu diferente no es otro Espíritu distinto al Espíritu Santo de Dios, aunque parezca que lo sea. Un Espíritu diferente es el mismo Espíritu Santo que vivió en Jesucristo mientras estuvo en la tierra. Es un Espíritu que está vivo, vibrante, obediente y tan en sintonía con Su Espíritu que destruye el caos haciendo miserable la vida de Satanás.

EL ESPÍRITU DIFERENTE DE CALEB

Un día Moisés escogió 12 hombres para que fueran y buscaran información sobre la tierra prometida, Josué y Caleb eran dos de ellos. La tarea de ellos ese día era ir y descubrir donde estaba ubicado todo estratégicamente.

Debían regresar con un reporte que identificaría todas las bendiciones que Dios había prometido a los hijos de Israel. Lo que comenzó como una fácil tarea, inventariando todo lo que sería de ellos algún día, resultó en que 10 espías se distrajeron por los gigantes, las murallas y todas las armas de destrucción que los Cananeos poseían. En lugar de regresar con un reporte positivo, como se les había indicado, el miedo los sobrecogió y regresaron con una opinión negativa.

Una persona con un Espíritu diferente no es ciega a lo que todo el mundo ve, tampoco tiene que ver lo que nadie más está viendo. Lo que hace es que, observa las situaciones que otros ven, pero con los ojos de Dios. Lo que Dios le ha revelado y prometido es suficiente para mantenerse en pie cuando las circunstancias y situaciones sugieren lo contrario. Puedo imaginar lo furiosos que estarían cuando escucharon al resto quejarse de que la tierra era muy grande para conquistarla. Dios les había prometido la victoria, todo lo que tenían que hacer era entrar y tomarla. ¿Pensaron ellos que Dios no sabía que habían gigantes en esa tierra? ¿No sabría Él que ellos eran grandes guerreros? ¿No sabría Dios lo que estaba diciendo cuando creyó que los Israelitas podían tomar las ciudades amuralladas? ¿Tendrían que hacer algo? ¡Sí! ¿Estaba fuera de su alcance? ¡Por supuesto que no! Lo que ellos no pudieran alcanzar por sus propias fuerzas, Dios lo supliría con el poder de Su Espíritu. Solo necesitaban creer en la palabra de Dios, por lo tanto sus impresiones tendrían que cambiar.

Una persona con un Espíritu diferente no solo verá las cosas distintas, si no que sus pensamientos serán distintos. Su obediencia a Dios es tal que hará cosas que no comprende aun. Estoy bastante seguro que cuando Caleb comenzó a redactar su informe sobre lo que vio, sintió la tentación de escribir las mismas cosas negativas que el resto de los espías, pero él comprendió que su tarea era regresar con un reporte y no incluir su opinión. Su habilidad para mantenerse concentrado lo ayudó a regresar con el reporte que Dios quería. También lo protegió de regresar negativo, pesimista y derrotado. Un Espíritu diferente logra eso. Le revelará a uno los misterios de Dios. Misterios que deben atesorarse aun cuando el resto del mundo piense que estás loco. Aunque el reporte de Caleb fue positivo, optimista y alentador fue completamente rechazado por el resto. Ellos simplemente no podían entender su Espíritu diferente.

Se debe tener la voluntad de enfrentar a la mayoría cuando un Espíritu diferente va a fluir dentro de ti libremente. ¿Por qué? Porque pocas veces la mayoría de las personas entienden al que es usado por Dios de esta forma. Ellos son muy peculiares, extraños, únicos, distintos a lo ordinario para ser aceptados por la mayoría. Así es como lo define el apóstol Pablo en 1 Corintios 2:14:

Pero el hombre natural no percibe las cosas que son del Espíritu de Dios, porque para él son locura, y no las puede entender, porque se han de discernir espiritualmente.

La mayoría de los cristianos se ofenden por el hecho de ser identificados en el mismo grupo de las personas que no conocen a Dios, por ejemplo, el hombre natural. Pero la realidad es la siguiente, cualquier cristiano que no siga las reglas establecidas por el Señor en Su Palabra para continuar creciendo en Su Espíritu, vuelve a caer en su vieja naturaleza. Hay muchos cristianos en el mundo hoy en día que aunque están llenos del Espíritu, no están guiados por el Espíritu. Esa es la razón por la cual los visionarios y soñadores de esta época reciben el mismo trato que Josué y

Caleb cuando fueron recibidos por los hijos de Israel, con odio y fastidio. Israel estaba tan indignado con el reporte dado por estos dos hombres que ya estaban recogiendo piedras para matarlos.

Recuerdo una situación por la cual fui grandemente criticado algunos años atrás: un Espíritu diferente vino sobre mí e hice algo que para muchos fue considerado como fuera de orden. Estaba ministrando en una congregación algo grande y fueron muchos los que vinieron al altar aquel día. En aquel tiempo atendía a los que se acercaban uno por uno y dependiendo de la cantidad eso podía llevar una cantidad de tiempo considerable. Yo comenzaba en un extremo del altar e iba lentamente hasta el otro extremo, orando para que hubiera tiempo suficiente para ministrar a todos los que se habían acercado.

Después de varios minutos en el altar, una jovencita de unos 12 años se me acercó y suavemente me tocó el hombro. Ella tenía síndrome Down y tenía la mentalidad de una niña de 5 años.

Me dijo: "Señor, ¿usted ve aquella mujer alta y delgada al otro lado del altar?"
Me di vuelta, ubiqué a su mamá y dije "Sí".

Ella continuó: "¿Cree usted que pueda ir hasta donde ella está en estos momentos? Ella tiene mucho dolor y yo sé que Dios puede sanarla."

"Por supuesto" le dije. "Permíteme cinco minutos y llegaré a ella, ¿de acuerdo?"

Asintió con la cabeza y corrió de regreso hacia donde estaba su mamá, creyendo que en unos minutos Dios sanaría a su madre. Alrededor de dos minutos más tarde volvió a ir hacia donde yo estaba y esta vez con un poco más de agitación tocó mi hombro un poco más fuerte. "¿Señor, no me escuchó? Mi mamá está al otro lado y ella necesita de su ayuda ahora mismo, ¿entiende?"

Le contesté, "lo siento jovencita, déme un par de minutos más y de seguro estaré allí, ¿de acuerdo?"

Volvió a asentir con la cabeza y corrió de vuelta con su mamá y esperó por mí. Un minuto más tarde corrió a toda prisa hacia donde yo estaba y comenzó a sacudirme, gritando insistentemente, "señor, ¿no me escuchó? Mi mamá está allá y necesita su ayuda."

En ese momento recibí un Espíritu diferente y dije, "te diré una cosa, ve de regreso con tu mamá y ponte detrás de ella, pon tus manos en sus hombros y di esto: en el nombre de Jesús, se sanada y desaparece el dolor."

Emocionada porque Dios finalmente iba a sanar a su mamá, corrió de regreso con su mamá e hizo exactamente lo que se le indicó. Inmediatamente la rigidez en el cuello que restringía cualquier movimiento desapareció completamente. Su mamá comenzó a moverlo hacia atrás y hacia delante sin ningún dolor. Las dos se pusieron muy contentas y con razón. Pero esa no fue la única reacción que hubo cuando la mujer sanó. Según muchos, no estuvo correcto que enviara a una jovencita que no estaba ordenada como ministro para hacer ese tipo de trabajo en la iglesia. Parecida a la reacción que había cuando Jesús sanaba en sábado, fui castigado porque las cosas no se hicieron como se debía hacer en esa iglesia en particular.

Me aseguré de no haber desobedecido ninguna de las reglas de esa organización, pero encontré una rendija. Las reglas dicen que solo un ministro ordenado puede poner las manos sobre la cabeza aquellos que necesitan sanidad. Yo le dije a la jovencita que pusiera sus manos en los hombros de su mamá, sabiendo que estaba dentro de los límites de las Escrituras,

Y estas señales seguirán a los que creen:... sobre los enfermos pondrán sus manos y sanarán.
(Marcos 16:17-18)

Todavía hoy me asombra ver como las personas pueden desacreditar las cosas milagrosas que Dios está haciendo solo porque no encajan en el patrón al que están acostumbrados.

LA EDAD NO ES UN FACTOR

Esto nos lleva a otro factor que no limita a la persona que ha recibido un Espíritu diferente: La edad. La edad y la experiencia, o la falta de esta, parecen ser el hilo conductor de las excusas para aquellos que nunca siguen la voluntad de Dios. Los ancianos no pueden contribuir, físicamente, porque sus cuerpos no los dejan. Los casados tiran la toalla diciendo que están muy ocupados tratando de establecerse para dar a sus familias una vida mejor.

También están los jóvenes, muy astutos en tratar de evadir responsabilidades.

Ponen la mejor de las excusas, al menos para ellos, diciendo que aunque están muy dispuestos a seguir la voluntad de Dios, en verdad es imposible porque no saben cómo. Mientras tanto, hay personas muriendo todos los días sin Cristo y la Iglesia continúa buscando a alguien que esté dispuesto a dar el paso al frente.

Hay algo que es seguro, Caleb no tenía excusas como estas. Miren lo que Caleb pidió cuando llegó el momento de distribuir la herencia de la tierra prometida. Con 85 años le pide a Josué que le de la parte que está llena de gigantes. No tiene miedo al saber que, incluso a esa edad, estos gigantes no son rivales para el pueblo de Dios.

Un Espíritu Diferente

Todavía estoy tan fuerte como el día que Moisés me envió; cual era mi fuerza entonces, tal es ahora mi fuerza para la guerra, y para salir y para entrar. Dame, pues, ahora este monte, del cual habló Jehová aquel día; porque tú oíste en aquel día que los Anaceos están allí y que hay ciudades grandes y fortificadas. Quizás Jehová estará conmigo, y los echaré, como Jehová ha dicho.

(Josué 14:11-12)

¿Estaba este hombre, viejo ya, en el ocaso de su vida, tratando de impresionar al líder de Israel? Estoy seguro que él sabía que físicamente no era el mismo que Moisés envió en un principio a observar la tierra prometida. No obstante, él estaba seguro de algo: Dios estaba a su lado y Su poder nunca cambia. Sin lugar a dudas, lo que hiciera falta para completar el trabajo Dios lo proveería, de una forma u otra. Aunque las circunstancias habían cambiado drásticamente desde que Moisés le había hecho la promesa de la herencia, Caleb estaba dispuesto a confiar en esa promesa, confiando en que Dios la cumpliría sin importar cuanto tiempo les tomara llegar a la ciudad. Un Domingo, antes del servicio de la mañana, un miembro de la iglesia fue a la oficina del Pastor. Había acabado de salir del hospital, afectado por la noticia que los doctores le habían dado. Le dijeron, con mucha tristeza, que lo que tenía su esposa la estaba matando rápidamente y ellos no podían descubrir qué era. Le imploró al Pastor que, por favor, orara por ella sabiendo que solo Dios podría sanarla. Mientras el Pastor se acercaba al púlpito esa mañana, recibió un Espíritu diferente. Le mencionó a la congregación la necesidad de esa mañana y luego declaró: "No estoy seguro de porqué voy a decir esto, pero creo que viene de Dios. Si hay alguien aquí que pueda decir de memoria San Juan, Capítulo 15, en estos instantes Dios enviará un ángel de sanidad a ese cuarto de hospital y sanará a nuestra hermana." Mientras contemplaba la congregación, sus ojos se fijaron primeramente en la sección de los adultos. Con mucha pena, la mayoría de los adultos habían bajado sus cabezas ansiando que él no los escogiera. Mientras seguía buscando entre la congregación, sus ojos se posaron sobre el grupo de los jóvenes. La reacción de ellos fue más evidente. Algunos se habían inclinado hacia delante completamente, otros parecía que trataban de esconderse debajo las bancas.

Pero allí, en el fondo de esta iglesia de aproximadamente 400 personas, estaba esta niña, saltando ansiosamente diciendo: "Pastor, Pastor, yo lo sé, escójame. En serio Pastor, de verdad me lo sé, escójame." Claro que todas las personas alrededor de ella trataron de calmarla, creyendo que ella no había entendido la petición del Pastor. Pero ella insistía en que podía ayudar en lo que se pedía, si el Pastor le pedía que fuera al frente. Después de tanta insistencia, el Pastor miró a esta pequeña saltarín y le pidió que fuera al altar. Cuando llegó, el Pastor quería saber cómo era que ella conocía esta parte de Las Escrituras. Ella dijo: "Mi mamá me da clases en la casa y cada mes tengo que aprenderme una parte de Las Escrituras. Este mes me tocó aprenderme todo el capítulo de Juan 15 y quiero ser usada por Dios en el día de hoy."

Con audacia, se paró en frente de la congregación y comenzó a declamar este capítulo que tiene 27 versículos. Después de haber declamado alrededor de 5 versículos, el Espíritu del Señor entró en la parte de atrás del santuario. Después de 10 versículos, el Espíritu se hizo más presente mientras se movía entre las personas. Después de 15 versículos el Espíritu había alcanzado a la mitad de la congregación y muchos comenzaron a sollozar.

Un Espíritu Diferente

Cuando la niña terminó con el versículo 20 el Espíritu había llegado a toda la congregación. En los últimos siete versículos, las personas no podían controlar la gloria que había llegado a ellos y todos juntos comenzaron a adorar abiertamente. Cuando la niña terminó su declamación el Pastor se paró en frente de la congregación, mandando un ángel de sanidad a la habitación del hospital. Fue en ese momento que aquella mujer sintió la mano de Dios y fue sanada.

Han pasado miles de años desde el primer derramamiento del Espíritu Santo en el día del Pentecostés. Estamos avanzando lentamente hacia el entendimiento de Su uso y el propósito en nuestras vidas, aunque muchas veces nos distraemos. No creo que queramos acaparar intencionalmente todas las bendiciones para nosotros, no obstante, lo que Dios ha puesto a disposición de todos en este mundo generalmente llega a nuestras manos nada más. Para empeorar las cosas, algunas veces ni siquiera lo compartimos con algunos en la iglesia.

Hay demasiados cristianos hoy en día, vagando sin rumbo, sin ninguna idea de lo que Dios quiere hacer en sus vidas. Ellos buscan y buscan, sin saber hacia donde ir, que hacer, o donde buscar sus respuestas. Ellos creen que su Dios es un Dios inaccesible, y si eso fuera cierto, ¿por qué buscar respuestas entonces? Si tan solo hubiera más personas hoy en día con un Espíritu diferente. Personas que fueran sensibles a las necesidades de los demás, sin miedo a enfrentarse a lo desconocido, ayudando a aquellos que no tienen esperanza.

Esto se necesita no solamente en la iglesia, sino también en el mundo perdido. Es el momento de salir de las cuatro paredes y llegar a las masas de personas no salvas con un Espíritu diferente.

UNA PETICIÓN INESPERADA

Estaba un día en mi oficina, ayunando, cuando cerca de la hora de almuerzo escuché la voz del Señor. Al menos yo pensé que era la voz del Señor. Dijo: "Quiero que termines tu ayuno ahora" sin ninguna otra explicación. Estaba algo desconcertado por esta petición. Mi primer pensamiento fue: *esa voz que estoy escuchando no es la voz de Dios, es la del diablo. Usualmente Dios pide más de mi tiempo, no menos. Esto tiene que ser un engaño del enemigo.*

Mientras meditaba en lo que acaba de escuchar el Señor me habló nuevamente: "No, no, en verdad soy yo. Termina con tu ayuno, no hay problema conmigo." No me sentí cómodo al respecto, pero tenía tanta hambre que corrí a mi restaurante favorito antes que Él cambiara de opinión. No me sentía tan culpable porque había estado leyendo un libro muy bueno sobre la oración y pensé que en cualquier caso, haber leído el libro podría ser mi ejercicio espiritual del día. Cuando llegué, el restaurante estaba completamente lleno. No tenía tiempo para esperar por una mesa vacía y me pregunté qué hacer ahora.

El Señor me habló de nuevo y dijo: "Ve a la vuelta de la esquina y come allí." Mientras salía del restaurante y miraba en dirección hacia donde Dios me estaba enviando, pensé que Dios se estaba desquitando conmigo por terminar mi ayuno antes de tiempo. Al doblar la esquina contemplé que frente a mí había un restaurante McDonald´s. "Bien, - me dije- al menos tengo un buen libro que voy a estar leyendo y me compensará por la comida que estoy a punto de comer." Apresuradamente me senté, sabiendo que se me estaba acabando el tiempo, cuando recibí un Espíritu diferente.

Frente a mí en la otra mesa estaba sentada una señora joven con la mirada como distante. Sus dos preciosas hijas, de dos y tres años aproximadamente, corrían por el lugar; sin ella prestarle mucha atención a la situación. En ese momento el Señor me habló, y dijo: "ve a la mesa y ministra a esta señora. Te diré que decir cuando llegues allí." Estaba completamente aterrado por esta tarea no solo porque era en un lugar público, si no porque el lugar estaba lleno. Mientras me le acercaba y me paré frente a ella, parecía que las palabras nunca llegarían. El poco tiempo que estuve parado allí parecían horas. Me miró fijamente y sin decir una palabra sus ojos parecían gritarme diciendo: *y bien amigo, óte vas a pasar todo el día parado ahí mirándome, o tienes algo que decir?* Finalmente, después de parecerme una eternidad todo ese tiempo, Dios me envió estas palabras: "Yo sé que te sientes muy mal porque anoche cuando tu esposo llegó a casa del trabajo, te dijo que se había acabado el matrimonio. Él había conocido otra persona a la cual amaba y que esa noche solo había ido a recoger sus cosas y decir adiós. Te sorprendió totalmente la noticia, y ahora que has tenido tiempo para pensarlo no sabes que hacer." No hubo la menor reacción hacia mis palabras.

No hubo emoción, ni lágrimas, nada de nada. Podía sentir mi rostro enrojecerse por la vergüenza de haber metido la pata.

No sabía qué hacer cuando Dios me pidió que le preguntara si podía orar por ella. Fue entonces cuando las lágrimas comenzaron a aparecer en sus ojos. Por fin, sabía que había llegado al punto débil. Puse mis manos sobre ella en medio del ajetreo de la hora de almuerzo, pidiendo a Dios que no solo la consolara, si no que le diera la paz que tanto necesitaba para continuar. No fue una oración pidiendo salvación o que Dios la bautizara con el Espíritu Santo. Era una oración que le trajera consuelo y sano juicio. Silenciosamente me despedí de ella y me senté de nuevo en mi mesa para continuar leyendo. Poco después ella recogió sus cosas y a las niñas y por un momento se paró frente a mí sin pronunciar palabra alguna.

La miré y lentamente sus cristalinos ojos azules comenzaron a llenarse de lágrimas que rodaron por sus mejillas. Finalmente con labios temblorosos dijo: "gracias" y se marchó.

No hace falta decir que el pedir de un Espíritu diferente no se puede exagerar. Deja algo que desear la forma en que hemos usado este don tan precioso. Nos hemos quedado miserablemente cortos en el uso que Dios ha querido que le demos. Pero todavía hay una luz de esperanza, porque conforme sea nuestra fe en Dios, Él puede lograr lo imposible. Ese es el tema de nuestro próximo capítulo.

Notas finales

[1.] Versión Amplificada

Capítulo 2
CONFORME A TU FE

Pasando Jesús de allí, le siguieron dos ciegos, dando voces y diciendo: ¡Ten misericordia de nosotros, Hijo de David! Y llegando a la casa, vinieron a él los ciegos; y Jesús les dijo: ¿Creéis que puedo hacer esto? Ellos dijeron: Sí, Señor. Entonces les tocó los ojos, diciendo: Conforme a vuestra fe os sea hecho.
(Mateo 9:27-29)

Hace varios años, E.F. Hutton tenía un anuncio que era muy efectivo. Había un grupo de personas que se relacionaban y conversaban cómodamente entre ellos. Debido a la charla generalizada nadie prestaba atención a ninguna conversación en específico. De repente alguien dijo: "Según E.F. Hutton..." y toda la habitación enmudeció para escuchar lo que esta persona iba a decir. Conforme a su entendimiento, cualquier cosa que E.F. Hutton fuera a decir era lo suficientemente importante como para detener lo que se estuviera haciendo y prestar atención.

Es sorprendente lo que puede suceder con un grupo de personas cuando alguien con esa autoridad aparece. Esa persona prácticamente puede retener ese grupo como rehenes pues están hechizados por cada palabra que pronuncia. Eso es exactamente lo que sucede cuando uno suelta su fe. En el mundo espiritual todo el mundo presta atención. Ellos esperan con gran expectación por sus instrucciones para qué hagas en la tierra como en el cielo.

LA FE DE DOS HOMBRES CIEGOS

Es triste decirlo, pero la mayoría de los cristianos hoy en día no enfrentan esta verdad. En sus mentes ese tipo de poder y autoridad es dada solamente a la élite en el reino. Para ellos, los gloriosos beneficios del cristianismo no comienzan hasta que vayan al Cielo. En esto el enemigo nos ha engañado completamente. Veamos estos dos hombres ciegos que encontramos en el libro de Mateo a ver qué tipo de fe tenían ellos que les permitió recibir el milagro.

A simple vista, de la forma que ellos llaman al Maestro nos da una idea de la fe que ellos tenían. El término *"Hijo de David"* era usado frecuentemente en ese tiempo para señalar la venida del Mesías. Todo Israel conocía la promesa dada a David, que el Mesías vendría de su simiente, y esto era exactamente a lo que los dos hombres ciegos se referían cuando llamaron a Jesús. ¿Cómo podían tener fe en un hombre que no podían ver? ¡Por escucharlo, por supuesto! ¿No viene la fe por el oír? Claro que sí y la fama de este Dios hombre estaba resonando en las calles de Israel y todos lo escuchaban.

La petición de ellos hacia Él fue sencilla: "Ten misericordia de nosotros," lo que demuestra más fe de la que podamos imaginar. Fíjense como ellos no le piden a Jesús que los sane. Ellos entendían que el Hijo de David, su Mesías, sería misericordioso (Salmos 72:12-13), y si la misericordia que Él les mostrara ese día, incluía la sanidad, que así fuera. Pero ellos estaban implorando Su misericordia por fe.

Ellos insistieron para demostrar su fe siguiéndolo cuando Él no contestó a sus lamentos iniciales. Bill Johnson afirma en su libro **Soñando con Dios** que Dios no esconde las bendiciones de nosotros, más bien para nosotros. Las cosas son ocultadas de la superficie para que nuestra hambre por ellas nos lleve a un nivel más profundo de búsqueda para que podamos encontrarlas. Una vez que nos encontramos en territorio desconocido somos estimulados a permitir que el Espíritu de Dios nos guíe a áreas de revelación que normalmente no son encontradas entre Sus hijos.

Eso es lo que a la postre motivó a estos dos hombres ciegos. Nadie más tenía el problema de ellos, así que su situación desesperada necesitaba una medida desesperada. Ellos continuaron pidiendo por fe y cuando Jesús los dejó fuera mientras entraba a una casa, ellos lo persiguieron sin perder un instante. Eso es fe.

Finalmente, la última muestra de fe viene cuando Jesús les hace la pregunta final: *"¿Creéis que puedo hacer esto?"* (vers. 28). Habría sido una pérdida total de tiempo que a estas alturas no hubieran contestado a la pregunta con un sí resonante. Una vez que tus pensamientos y creencias sobre lo que Dios va a hacer contigo son demostrados verbalmente, no hay nada que los detenga. Dios honrará tus palabras y tu fe y la solución a tu problema no es más que creer. Pero tiene que salir de tu boca.

Lo que pasa realmente cuando hacemos esto es que ponemos a Dios en un compromiso. No es que estemos forzando a Dios hacer algo que Él no quiere hacer. Nosotros hemos hecho nuestra parte, y ahora es el momento para que Él haga la suya. Ahora el balón está en Sus manos, lo que falta es la anotación. Cuando los hombres ciegos tuvieron la oportunidad de responder, la respuesta inmediata de "Sí Señor", sin titubeos, trajo el milagro que ellos tanto buscaron. La respuesta estaba en camino tan pronto como las palabras salieron de sus bocas. Dios siempre honra la fe.

Creo que ahora es un buen momento para hacer algunas preguntas: ¿Cómo obtengo ese tipo de fe? ¿Cuánta experiencia se necesita para ver a Dios actuar en esta forma tan maravillosa? ¿En realidad tiene Dios el tiempo suficiente para enseñarme el camino? Veamos si puedo responder esas preguntas y más al revisar la vida de David.

LA BÚSQUEDA DE DIOS POR DAVID

Él era un joven muy diestro en los caminos del Espíritu a una temprana edad. ¿Por qué? Porque entendió desde el principio que pasar tiempo en la presencia de Dios sería la clave para conocer a Dios.

Para él no era raro meditar en las cosas de Dios mientras cuidaba de las ovejas de su padre. Esto no quería decir que fuera negligente en sus responsabilidades de aquel momento. Él usaba su tiempo sabiamente y cuando encontraba un momento de calma en su trabajo, lo pasaba en la presencia de Dios.

En tu presencia hay plenitud de gozo; Delicias a tu diestra para siempre.

(Salmos 16:11)

Mientras más se recreaba en el Espíritu de Dios en Su presencia, más completa era su vida. Lo hacía mejor Pastor de ovejas, mejor hijo, mejor músico, mejor compositor. Él se convirtió en el mejor ejemplo de lo que un joven podía hacer por Dios. Con cada momento que pasaba adorando y alabando a Su creador, obtenía más confianza y fe para confiar en que nada era imposible para Dios.

Recuerdo una vez estando en secundaria, jugando fútbol, tuve una fe similar, concerniente al juego por supuesto. Durante el verano prácticamente vivía en la escuela. Llegaba temprano en la mañana y no me iba hasta que cerraban las puertas en la noche. Tenía dos metas en aquel tiempo. Primero, convertirme en el mejor pateador del lugar en el Sur de California; y segundo, ganar una beca futbolística para una universidad de 1ra División. No cejaba en mi empeño por alcanzar esas metas. Decidí que mi vida social sería mínima, eso significaba estar sin novias. El tiempo que no estuviera practicando lo iba a pasar estudiando y comiéndome los libros.

Recuerdo haber pasado tanto tiempo en el campo de fútbol que pateé de todos los lugares posibles de los cuales se pudiera intentar anotar un gol de campo. Día tras día, sin importar lo que me estuviera perdiendo, mi pasión por ser el mejor me dirigía incesantemente. Cuando comenzó la temporada sentía que podía patear confiadamente desde cualquier parte del campo, con los ojos tapados y aun así, anotar. Tal era el nivel de mi fe y mi confianza.

¿Y qué sobre las metas que me había trazado? Alcancé las dos tal como esperaba. Implanté un récord de patadas que estuvo vigente por 15 años, fui llamado para el equipo de fútbol All Southern California (1er equipo), y gané una beca futbolística en la Universidad del Sur de California (USC, por sus siglas en inglés.)

Las bendiciones y la revelación que se obtienen al pasar tiempo en la presencia de Dios superan con creces lo que puedas perder. Los secretos y misterios revelados serán sorprendentes. Su fe se aumentará de tal manera que las señales y milagros serán parte de su vida diaria. El tiempo que David pasaba a solas con Dios en oración, le permitió dar rienda suelta a su fe, creciendo enormemente, lo cual lo preparó para continuar el acenso hacia el éxito. Las tareas en el nombre de Dios fueron aumentando en variedad y dificultad.

Cuando el rebaño de su padre estuvo amenazado por un león, tranquilamente tomó el control de la situación y mató al león con sus propias manos. Cuando un oso, mucho más grande y fuerte que un león, intentó hacer lo mismo, tampoco fue rival para este muchacho lleno de fe. La fe de David crecía a pasos agigantados, cuando encontró a un gigante filisteo que causó destrozos en el campamento de Israel. Aunque este rival era mucho más grande, fuerte y diestro en el arte de la guerra, en la mente de David eso no era importante. Solo necesitaba llamar a su Dios para que borrara esta inofensiva amenaza. Con solo un giro de su onda derrumbó a Frazier (uy, quise decir Goliat). Así de simple es, el aumento de la fe solo llega al escuchar la voz de Dios en Su presencia.

UN CONCEPTO DE FE ERRÓNEO

Ahora quisiera aclarar algo que por algún tiempo ha sido malinterpretado o al menos no ha sido explicado del todo correctamente. Hay un pasaje de la Biblia conocido universalmente sobre revelar nuestra fe, que causa más confusión que el resto. Quisiera dedicarle un poco de tiempo.

Así que la fe es por el oír, y el oír, por la palabra de Dios.

(Romanos 10:17)

Se nos ha enseñado por generaciones que si oímos la palabra escrita de Dios, de la forma que sea, eso aumentará nuestra fe. La clave del asunto es que esto es verdad y mentira a la vez. La clave para entender este pasaje en su totalidad está en la traducción no de la palabra "palabra." La mayor parte del tiempo "palabra" es traducida como "logos," y eso es correcto. Por contexto se traduce como la Palabra escrita de Dios.

El problema que encontramos en Romanos 10:17 es que el griego "palabra" que se usa aquí es "rhema." Rhema se traduce como la palabra "hablada" de Dios. Ahora bien, hay veces que la palabra escrita puede ser rhema, pero rhema no es necesariamente la Palabra de Dios. Si limitamos la definición de rhema solamente a Palabra escrita de Dios, entonces perdemos al Espíritu de Dios hablándonos diariamente.

Aquí es donde la mayoría de las personas se pierden. Nos han enseñado que en tiempos de dificultad debemos abrir la Biblia, encontrar un pasaje que se ajuste a nuestra situación y aferrarnos a el por fe. A menos que el Señor le haya guiado específicamente a ese pasaje en particular y le haya indicado que lo siga por fe, sus esfuerzos no serán más que una lotería. He visto muchas personas usar este método sin éxito alguno, por lo que han desistido de vivir por fe completamente.

EL RHEMA DE DIOS PARA JOSÉ

Por otro lado, ya sea la Palabra escrita de Dios o el Espíritu de Dios el que nos hable a través de un rhema, podemos permitir a nuestra fe confiar en Dios sea cual fuere la situación. Si hay un hombre en la Biblia que tuvo que hacer caso omiso a todas las cosas negativas que le pasaron después de un rhema, ese es José. Desde que era un muchacho fue favorecido por su padre.

Esta muestra de afecto solo generó disputa entre él y sus hermanos, la cual llegó al tope cuando él compartió con ellos un sueño que tuvo. Según el sueño y su interpretación, llegaría el momento en que José los gobernaría a todos ellos.

Un rhema siempre traerá consigo a los opositores, incluyendo al diablo. Es su trabajo destruir cualquiera y todas las promesas que hemos recibido de Dios, así que espere oposición. José no tenía ni idea que el tiempo de prueba duraría 13 años. A pesar de todas las cosas que tenía que soportar perder durante ese tiempo, lo único que lo mantenía era su sueño. Su vida comenzó en declive cuando sus hermanos lo vendieron como esclavo y como consecuencia terminó en Egipto. A mí me asombra la determinación que demostró este joven. A lo mejor era muy joven e inexperto para saber que su sueño había muerto. No obstante, todo lo que hacía lo hacía con todo su fuerza y tenía éxito en ello. Potifar notó esto y enseguida lo convirtió en el mayordomo de su casa. La acción de su jefe solo le trajo más problemas, cuando la esposa de Potifar lo acusó falsamente de intento de violación.

Aunque estar en la cárcel no era parte del sueño, aprovechó esta situación para continuar ministrando. Interpretó sueños para otros prisioneros pero no se acordaron de él hasta dos años después. ¿No le podía tocar un poco de suerte? Él no la necesitaba, él tenía un sueño, un rhema de Dios que lo mantenía confiando cuando más nadie lo hubiera hecho. Al fin fue llevado delante del Faraón con la oportunidad de su vida. Todo lo que tenía que hacer era interpretar un sueño que el Faraón había tenido y eso le permitió salir de la cárcel. Habían pasado trece años y aun no había el menor indicio de amargura o rabia en el corazón de este soñador. El viaje que convirtió su sueño en realidad había demorado una vida, con muchos baches en el camino. No hace falta decir que el haberse aferrado a su sueño fue lo que lo hizo continuar en los momentos difíciles. Tanto así que nunca perdió la esperanza y osadamente le dijo al Faraón:

> *"No está en mí; Dios será el que dé respuesta propicia a Faraón."*
> (Génesis 41:16)

Él nunca negó de donde venía su habilidad, asegurándose de que Dios recibiera siempre todo el honor y gloria por cualquiera de sus éxitos. Mientras interpretaba el sueño del Faraón, su propio sueño comenzaba a develarse ante él. En su momento, José fue ascendido al segundo lugar en el reino de Faraón, lo cual le dio jurisdicción sobre la área en la que vivía su familia. Cuando ellos se vieron obligados a ir a Egipto por comida, José tuvo la oportunidad de vengarse.

Mientras negociaba con ellos, habiéndose identificado, el miedo de una venganza se apoderó de sus corazones. Solo un hombre que había visto el futuro, a pesar de innumerables contratiempos, podía responderles de la forma que lo hizo. Él era un hombre con un verdadero rhema de Dios. Escuchen sus palabras:

> *Vosotros pensasteis mal contra mí, mas Dios lo encaminó a bien, para hacer lo que vemos hoy, para mantener en vida a mucho pueblo.*
> (Génesis 50:20)

A pesar de todas las noches vividas en aquella oscura y lúgubre celda, solamente con sus pensamientos, sin nadie en quien confiar, él continuó aprendiendo a luchar según su fe. Había sido su fe y nada más que su fe lo que Dios honraba, para convertir en realidad un sueño imposible.

Me gustaría cerrar este capítulo compartiendo con ustedes un testimonio de algo que pasó en mi vida hace algunos años. Creo que le hablará a aquellos que no tienen mucha experiencia en oír y entender la voz de Dios.

MI ENCUENTRO INICIAL CON RHEMA

Recibí una llamada telefónica, por los años 80, que pondría mi vida patas arriba. Mi primo Richard estaba al otro lado de la línea con malas noticias.

Lo puedo recordar preguntándome: "¿George, estás sentado?" Con tono de preocupación en la voz continuó diciendo: "Lo que estoy a punto de decir va a ser difícil de asimilar, los doctores han encontrado tumores en la base del cerebro de Tabitha (su esposa) y no se pueden operar." Desde hacía algún tiempo Tabitha había estado teniendo unas convulsiones que le estaban causando daño a todo su cuerpo. Habíamos estado orando, confiando en que Dios iba a sanarla completamente, cuando recibí esta llamada.

Este nuevo pronóstico de su condición me afectaba adversamente. Por días estuve caminando a la deriva, confundido, aturdido y de alguna forma molesto con Dios por permitir que algo así le sucediera a una de las personas más encantadoras y devotas que yo conocía. Sin yo saberlo, Dios estaba a punto de usar esta situación no solamente para devolverle la salud, si no para llevar mi fe a niveles que nunca pensé que fueran posibles.

Dios vino a mí un día con un pedido que me puso furioso. Me estaba invitando a comenzar un ayuno de 21 días por la salud de Tabitha. Sería de naturaleza absoluta, queriendo decir que solamente tomaría agua durante este tiempo. Lo que realmente me indignó no fue la tarea encomendada, si no a quien se le había encomendado. Yo no era ni experimentado, ni estaba apto para realizar esta tarea. Por otro lado, en aquel momento, mi primo Richard me llevaba años luz de ventaja en el uso de la fe. Sabía sin duda alguna que este trabajo pertenecía más a Richard que a mí; entonces, ¿por qué se ponía sobre mis hombros esta enorme responsabilidad?

Como un muchacho malcriado pataleé, me quejé y lloré ante Dios, suplicándole que me librara de esta tarea. Tristemente para mí, Su decisión estaba tomada, confiando plenamente en su primera elección: yo. De muy mala gana, mala en verdad, comencé mi cruzada. Después del primer día me había rendido sin ninguna esperanza, rezongándole a Dios que había cometido un gran error y que no podía hacerlo.

Amablemente me animó a intentarlo de nuevo, y usted no se puede imaginar cuánto me costó aceptarlo, pero lo hice y comencé de nuevo. Esta vez duré tres días, el resultado siendo el mismo de la vez anterior. Había vuelto a terminar el ayuno antes de la fecha indicada.

Enfrentar a Dios en oración, sintiéndome completamente inepto, iba a ser un encuentro poco agradable. Con suavidad y mucha comprensión me exhortó a comenzar de nuevo, pero esta vez indicó que hiciera algo en el momento de la oración, algo que no tenía mucho sentido. Pidió que cada día, al orar por media hora, debía extender ambos brazos al frente y mientras abría y cerraba las manos repitiera estas palabras. ¡EN EL NOMBRE DE JESÚS, REDUCE LOS TUMORES!

En aquel tiempo yo asistía a una iglesia que abría sus puertas a las 4 a.m. para ir a orar. Decidí ir cuando abrieran las puertas, sabiendo que difícilmente hubiera alguien a esa hora poco acostumbrada. Quería que la menor cantidad posible de personas me vieran haciendo mi rutina, para así evitarme un gran bochorno. Hay un dicho que dice "a la tercera va la vencida." En mi tercer intento de ayuno, eso se cumplió. Cada mañana iba a la iglesia, fielmente, y hacía el proceso, confiando a Dios este milagro.

Una de las lecciones más grandes que aprendí durante este tiempo de consagración fue que en ese tiempo la presencia de Dios no se podía encontrar en otro lugar. Yo suponía que si uno se tomaba el tiempo para dedicarse completamente al Señor durante un período determinado, grandes visiones y manifestaciones de Dios se harían habituales. Por el contrario, mis oraciones eran completamente secas y apáticas. Dios estaba en silencio. La única motivación que tenía para completar esta tarea era en memoria de una de mis mejores amigas. Ella necesitaba mi ayuda desesperadamente y yo iba a hacer lo que pudiera para ser complaciente.

El fin del ayuno había llegado y me había pasado factura. Estaba seco físicamente, agotado emocionalmente y espiritualmente el único consuelo del cual pudiera enorgullecerme era que había obedecido la voz de Dios. No había nuevos niveles de entendimiento o sabiduría. No había sentimientos de supremacía. Había pensamientos que continuaban persiguiéndome, que me hacían preguntarme si había hecho esto de la forma correcta. Después de una semana pensando las cosas nuevamente, recibí una llamada de Richard. Me dijo: "Acabo de recibir los resultados de los últimos exámenes que le han hecho a Tabitha y algo inexplicable ha sucedido. Su vida no está en riesgo. Los doctores me dijeron que los tumores se redujeron y no saben el porqué." Cuando escuché la palabra reducir casi pego un salto y comienzo a bailar.

Finalmente comprendí porqué Dios me había pedido a mí aquello. Él quería conectar lo que yo estaba haciendo en oración con lo que Él estaba haciendo en Tabitha. A pesar de todas las veces que cuestioné a Dios durante el ayuno, el resultado final fue más espectacular de lo que yo hubiera imaginado. Esto me recordó un pasaje favorito:

> *Y a Aquel que es poderoso para hacer todas las cosas mucho más abundantemente de lo que pedimos o entendemos, según el poder que actúa en nosotros, a él sea gloria en la iglesia de Cristo Jesús por todas las edades, por los siglos de los siglos. Amén.*
> (Efesios 3:20-21)

Cuando *el poder que trabaja en nosotros* es puesto en acción conforme a nuestra fe, Él no solo tiene la voluntad, sino la capacidad de traer bendiciones que nunca hubiéramos imaginado a nuestras vidas.

Por primera vez en todos mis años sirviendo al Señor, yo había sido protagonista en ver a Dios realizar un milagro, ayudándome a pasar a otro nivel en la fe. Para Tabitha y su familia fue la oportunidad de haber recibido un milagro.

Habrá momentos en su vida con Dios cuando, según su punto de vista, Él le hará peticiones tontas sin ninguna explicación. Nuestro trabajo no es preguntar o analizar. Nuestro trabajo es aceptar la palabra de Dios, ponerla en acción y ver Su mano moverse. Si podemos confiar en Él de la forma que un niño lo hace, sin reservas, entonces se hará en nosotros conforme a nuestra fe. Ese es el tema del próximo capítulo.

Capítulo 3
COMO NIÑOS

y dijo: De cierto os digo, que si no os volvéis y os hacéis como niños, no entraréis en el reino de los cielos.

(Mateo 18:3)

Ser como niños en el reino de Dios no significa que seamos infantiles. Las definiciones de ambas palabras se relacionan, por ejemplo, se refieren a niños, aunque sus diferencias son tan grandes como la noche y el día. Cuando uno es infantil se relaciona con la inmadurez y falta de compostura que se encuentran en un niño. Por otro lado, ser como niños, se refiere más a la inocencia o confianza que se encuentran en un niño. Debido a su connotación negativa, la niñez es vista como un mal necesario. Siempre hay un gran apuro por crecer, especialmente en las cosas de Dios, porque no queremos que se nos considere inmaduros. La sabiduría no viene automáticamente con la edad, debe ser buscada. Por tanto es algo infantil pensar que la sabiduría te estará esperando cuando llegues al estado de adultez.

Mientras examinamos las palabras de Jesús escritas para nosotros en el libro de Mateo, vemos que esta niñez es completamente diferente. Cuando sienta a uno de los pequeños en su regazo, les hace saber a todos los que lo escuchan que a menos que se conviertan y sean como este niño, las posibilidades de llegar al Cielo son imposibles. ¿Qué pudo haber provocado una declaración tan extraña?

Quizás era una advertencia temprana para que supieran que servirlo a Él en el reino de Dios sería una experiencia como ninguna otra. Como un niño, él sería capaz de recibir sus órdenes y llevarlas a cabo sin entenderlas completamente. Como un niño, él podía perdonar y olvidar fácilmente cuando su corazón había sido roto. Finalmente, como un niño, su amor por Dios sería puro e incondicional.

La clave para esta nueva forma de pensar sería el ser convertido. Para la mayoría de nosotros cambiar no es fácil, pero con un compromiso de lealtad y determinación todo es posible. Mientras más rápido seamos humildes delante de Dios para que tome control total de nuestras vidas, más pronto tomaremos las características del niño que Él busca en nosotros, para que algún día podamos hacer del Cielo nuestro hogar. Yo he descubierto tres características de los niños que nosotros como adultos hemos olvidado bastante. Estudiemos estas características una por una.

APRENDIENDO EN EL REINO DE DIOS

Comenzaremos nuestro estudio con el aprendizaje. ¿Por qué? Porque la niñez es el momento de aprender. Desde que entran por primera vez a un salón de clases, su única responsabilidad es absorber todo lo que el maestro está dispuesto a enseñarles. No son más que una tablilla en blanco esperando ser llenada. Si el maestro hace bien su trabajo, ese niño saldrá del salón con un enorme deseo por aprender. El miedo nunca entra en la mente de un niño al que se le dan respuestas. Con libertad y confianza él hace sus preguntas, sabiendo que al recibir las respuestas va a aprender algo nuevo.

Como un niño en el Señor, Dios también nos anima a hacer preguntas. Él quiere que seamos curiosos en lo que se refiere a Su reino y en como podemos incluir las cosas del Cielo en la tierra. Así es como se le acercó a Jeremías un día:

Clama a mí, y yo te responderé, y te enseñaré cosas grandes y ocultas que tú no conoces.
(Jeremías 33:3)

Si alguna vez hubo algún reto por parte de Dios hacia nosotros para que indagáramos en los misterios de Su reino, es este. Está bien no saber algunas cosas. También está bien preguntar por qué. Nosotros, como reyes y sacerdotes (Apoc. 1:6) tenemos el derecho de escudriñar lo desconocido (Prov. 25:2). Dios quiere darnos esas respuestas. Hay una oración que siempre digo mientras entro a un lugar de adoración. Simplemente le pido a Dios que me sorprenda. Debido a mis tareas como evangelista normalmente estoy en servicio un promedio de cuatro a cinco veces a la semana. Eso quiere decir que hay veces que Dios tiene que hacer algunas cosas bastante locas para llevarme al nivel en que me pregunte "¿Cómo hizo eso?"

Mientras me preparaba para una campaña de tres días, llegué al hotel y en poco tiempo comencé a orar. Como en 10 minutos recibí una visión del Señor. Hasta el día de hoy, las visiones no son muy comunes en mi ministerio, y cuando ocurren son pocas y espaciadas unas de las otras. Por el significado de la visión sabía que Dios estaba tratando de enseñarme algo nuevo. Cuatro personas distintas aparecieron con varias necesidades. Primero vi una mujer Angloamericana con problemas en el pecho y la garganta. Después vi una abuela ya entrada en años paralizada en una silla de ruedas. La tercera persona era un joven con problemas en sus ojos. Finalmente, la cuarta cosa que vi era en realidad un vestido rojo con puntos y quienquiera que estuviera dentro de este vestido sufría de problemas estomacales.

Estaba tan entusiasmado que me apuré en llegar a la iglesia para ver las personas a las que estaría ministrando esa noche. Para mi asombro no había nadie en la congregación que se pareciera a aquellos que había visto en mi visión.

Me había olvidado de aquello cuando, en la primera llamada al altar, sentí una angustia dentro de mí. Había un hombre angloamericano (digo angloamericano porque yo hablo en iglesias hispanas generalmente) orando, el cual era el motivo de mi incomodidad.

Me acerqué a él y le pregunté si en su familia había alguien que sufriera de problemas de garganta y en el pecho. Me miró a la cara desconcertadamente, contestó que yo estaba hablando de su esposa. Inmediatamente sentí que el Señor me tocó el corazón exhortándome a detener el servicio y comenzar a ministrar directamente a las personas. Nunca había ministrado en el altar antes de predicar, así que esto era terreno nuevo para mí. Senté a todos y les expliqué que Dios quería hacer algo especial en ese momento. Con el permiso del Pastor comencé.

Le pedí al caballero que se quedara en el altar porque él iba a tomar el lugar de su esposa para recibir su sanidad. Fue entonces cuando pregunté a la congregación si alguien conocía a alguna señora mayor que estuviera paralizada en una silla de ruedas. Se paró una joven que estaba empezando a llorar y dijo que yo estaba hablando de su abuela, la cual acababa de sufrir una apoplejía y no podía caminar. Rápidamente caminó hasta el altar para tomar el lugar de la abuela. Luego pregunté por el joven con problemas en la vista y un joven con lentes se acercó rápidamente al altar. Finalmente, con un poco de temor, pregunté si alguien conocía a una persona con un vestido rojo con puntos que sufriera de problemas estomacales. Inmediatamente, un joven se paró y dijo abruptamente que su hermana, la cual era salida de la iglesia, tenía un vestido igual al que yo había mencionado y sufría de ese tipo de problemas. Con mucho gusto subió al altar a tomar el lugar de su hermana. Comenzamos a orar en el nombre de Jesús, que enviara ángeles de sanidad hacia donde estaban esas personas, y el Señor, milagrosamente, los sanó a todos.

Si tan solo saliéramos de nuestras rutinas y no pusiéramos límites a Dios en las cosas grandes y maravillosas que Él quiere mostrarnos, Él las mostraría. Nosotros solo tenemos que estar dispuestos a aprender cosas nuevas y Dios se encargará del resto.

CONFIANDO EN DIOS EN EL REINO

La segunda característica de un niño que Dios usa en su reino es la confianza. Los niños son mucho más confiados que los adultos. Aun en la actualidad me asombra ver el amor que los niños tienen por los padres que han abusado de ellos sin piedad alguna. Hay muchos de ellos que ya siendo adultos siguen defendiendo a sus padres, como si fuera un pecado contar lo que en verdad pasó. Otros, que perdieron esa confianza original debido al abuso, tienen problemas de confianza cuando se acercan al trono de Dios. Nuestro Padre celestial nunca abusará de nosotros y podemos confiar en que mientras estemos en sus manos todo lo que nos pase es por nuestro bien. En Proverbios Él dice:

Fíate de Jehová de todo tu corazón, y no te apoyes en tu propia prudencia. Reconócelo en todos tus caminos, y Él enderezará tus veredas.
(Proverbios 3:5-6)

Él no solo quiere estar a cargo de todas las cosas importantes en tu vida, sino también de las de menor importancia. Nos complace tanto encargarnos de las cosas menores, las insignificantes, las que no demandan mucho de nosotros; que no se nos ocurre que si se lo entregamos todo a Dios, Él puede hacerlo todo mucho mejor que nosotros. Este es un concepto básico para un niño, pero nosotros como adultos cometemos este error y tropezamos una y otra vez como si fuera algo muy difícil de aprender. Confía en Él cuando no sabes cuáles son Sus planes. Confía en Él cuando parece que se hubiera olvidado de ti. Confía en Él cuando necesitas fuerzas para terminar el día. Sea grande o pequeño, fácil o difícil, comprensible o no, solo confía en Él. ¡CONFÍA EN ÉL! ¡CONFÍA EN ÉL! ¡CONFÍA EN ÉL!

Cuando acepté el reto de ser usado por Dios en un ministerio de señales y milagros, estaba consciente de que iban a haber algunos distanciamientos en algunas áreas, pues yo no estaba hecho para ser el típico evangelista Pentecostal expresivo que las personas estaban acostumbradas a ver.

No pude encontrar a nadie, dentro de nuestra organización, que pudiera ser mi mentor, por lo tanto tuve que buscar ayuda fuera de la misma.

Yo no soy una persona muy confiada y las adversidades en mi vida no me ayudaron mucho. Confiar en Dios y en los demás ha sido una tarea bastante ardua. Recuerdo una etapa cuando estuve reconsiderando mis métodos de ministrar. Los resultados eran similares a los de los demás, lo distinto era como conseguía esos resultados. En el mundo

Pentecostal no encaja mucho el ser serio, sereno y calmado. Nunca olvidaré la lección que aprendí durante esta etapa de indecisión.

Un año, en la temporada de Pascuas, decidimos viajar varias horas para ir a una iglesia que estaba preparando una presentación sobre la Pascua. Esta iglesia era conocida, en particular, por su original escenografía, incluyendo verdaderos animales. Toda la producción era muy profesional, parecida a Hollywood. Llegó una parte en la actuación en la que la persona interpretando a Jesús debía orar por un hombre ciego. Lo hizo en una forma que no era común para nosotros. Sin alzar la voz, sin ninguna fanfarria, oró tranquilamente por este hombre enfermo. Inmediatamente escuché la voz de Dios en mi oído y nunca olvidaré Sus palabras. Dijo: "Créeme, así es como Yo lo hice." No podía creer lo que estaba oyendo.

Todo este tiempo estuve tan inseguro por como yo hacía las cosas. Aun así, Dios se tomó el tiempo para hacerme entender qué era lo más importante en Su reino. Confiar en Él, eso es lo más importante; no como llevamos a cabo la tareas asignadas. Frecuentemente he usado esa lección en momentos difíciles, especialmente cuando mis métodos han sido cuestionados.

UNA RESPUESTA QUE NO ESPERABA

Estaba predicando en un campamento de júniores hace algunos años y se creó una situación cuando comencé a ministrar a los del personal.

Era tarde en la noche y recuerdo que estaba algo cansado. Me había acercado a una mujer amiga mía que sabía que estaba necesitada. Siempre tengo un poco de temor al acercarme a alguien que conozco porque se me hace más difícil descubrir si lo que estoy escuchando es palabra de ciencia o algo que me habían estado ocultado anteriormente. Mi amiga llevaba años de casada y no podía quedar embarazada. Todos sabían que esa era su petición a Dios. Mientras trataba de alejarme de ella, sentí que el Señor me tocó diciendo: ¡CONFÍA EN MI! Así que confíe en Él y entregué el mensaje que el Señor me había enviado. Era algo general, así que no era difícil de entender. Dije: "Tendrás el deseo que tu corazón anhela para finales de año." Cuando se regó la noticia sobre la profecía todo el campamento se puso eufórico. El campamento terminó algunos días después y todos fueron a casa contentos. Nosotros vivíamos a cinco o seis horas uno de otro, lo cual limitaba nuestra relación de amistad a una o dos veces al año. Perdí el contacto con ella y después me enteré que ella me estaba buscando. También me enteré que ella nunca había dado a luz, por lo tanto asumí que me estaba buscando para dejarme saber su descontento. Traté de evitarla lo más posible, pero al enterarme que no estaba enojada conmigo me pregunté qué sería lo que quería.

    Finalmente nos encontramos un par de meses después y lo que había escuchado no era lo que me esperaba. Aunque nunca fue capaz de concebir, ella y su esposo habían decidido adoptar. La adopción ocurrió algunos años después de la fecha que Dios le prometió que sería bendecida. Cuando me abrazó sin yo esperarlo, en realidad ella me estaba tratando de hacer saber que mi profecía se había cumplido.

    Yo estaba completamente anonadado por su declaración, pues yo sabía que ella no tenía los niños desde tanto tiempo. Entonces me dijo: "Cuando se terminó la recopilación de información en el momento de la adopción, justo cuando se estaba completando el proceso, fue que las autoridades nos permitieron ver a los niños."

    Ellos habían adoptado un niño y una niña que eran hermanos. "Mientras contemplaba a mi futuro hijo bajando las escaleras el Señor me habló inmediatamente diciéndome que él era la respuesta a la profecía. En realidad no entendí lo que Dios quería decir hasta que vi el certificado de nacimiento de mi hijo. Él había nacido en el último día del año en el que la profecía se cumpliría."

La promesa de Dios no se cumplió de la forma que nosotros imaginábamos y nos tomó completamente por sorpresa. Yo no podía creer como Dios había cumplido la promesa, pero estaba muy contento de que lo hubiera hecho.

Confiar en Dios en todo momento significa que no entenderemos sus métodos. Por supuesto, el Señor nos ha proporcionado entendimiento al respecto a través de Su Palabra.

> *Porque mis pensamientos no son vuestros pensamientos, ni vuestros caminos mis caminos, dijo Jehová. Como son más altos los cielos que la tierra, así son mis caminos más altos que vuestros caminos, y mis pensamientos más que vuestros pensamientos.*
> (Isaías 55:8-9)

Confiar en Él cuando no hay razón para hacerlo, es una verdadera muestra de fe. Si tienes en cuenta que Dios ha hablado personalmente contigo, de una forma u otra, eso es suficiente para enfrentar la ola de críticas, ignorando los incontables ataques de desaprobación.

LA HUMILDAD: UNA CUALIDAD PERDIDA

La última característica de la niñez que consideraremos es la humildad. Los niños son humildes por naturaleza. Es asombroso como ellos no diferencian por ser ricos o pobres, inteligentes o no, por el color de la piel y los gustos. Son estos conceptos los que, como adultos, usamos para crear líneas divisorias y así satisfacer nuestros gustos.

Si usted va a cualquier lugar de recreo infantil, cualquier día que sea ¿por qué ve niños de todas las razas, color de piel y creencias jugando juntos? En una palabra, es su humildad. Usted no encontrará ese tipo de unidad en muchas de nuestras iglesias y aun así decimos que somos muy, muy maduros. Cuando los niños están jugando y pelean, no demoran mucho en hacer las paces y volver al patio a jugar.

Hay países y pueblos, familias y grupos de personas, que han estado peleados por mucho tiempo y nadie sabe el porqué. No es la humildad, si no el orgullo lo que no permite a las personas dar el primer paso para crear la paz que es tan necesaria.

Lo más repulsivo es el hecho de que este espíritu se ha introducido en la iglesia. Muchas personas me han dicho que la razón por la cual las personas que buscan a Dios no reciben el Espíritu Santo es por la falta de fe. Con toda sinceridad les digo que esto no es lo que he visto a través mis años de experiencia. Es un espíritu orgulloso lo que realmente no permite a estas personas ser humildes ante la presencia de Dios. Es triste decirlo, pero un corazón altivo es abominación ante el Señor. *Abominación es a Jehová todo altivo de corazón;* (Proverbios 16:5)

Esto quiere decir que Él odia el orgullo y no lo soportará. *No sufriré al de ojos altaneros y de corazón vanidoso.* (Salmos 101:5)

La lección más grande que he aprendido sobre la humildad vino de una niña de cuatro años. Hace algunos años mi hijo y yo hicimos un viaje fuera del estado durante las vacaciones por las pascuas. Por varios meses, antes de la campaña, el Pastor salía de su rutina para preparar a las personas para un gran derramamiento del Espíritu de Dios a través de señales y milagros. A nuestra llegada el primer día se podía sentir la expectación de la congregación por las grandes cosas que vendrían.

Entre aquellos que esperaban por su milagro estaba una niña ciega de seis años.

Esa noche durante la llamada al altar pasó algo que enfureció al Señor. A través de una palabra de ciencia el Señor me informó que la mujer a la cual estaba ministrando había mentido. No fue hasta terminado el servicio que descubrimos que esta mujer era en realidad la esposa de un Pastor de una de las iglesias vecinas. Las mentiras de ella indignaron tanto al Señor que Se negó a sanar a alguien por los dos días siguientes. Nunca había estado en una situación como esta anteriormente, pero tampoco iba a ir en contra de los designios de Dios. Fue en el último día de la campaña cuando me fue permitido orar por los enfermos. Desafortunadamente la niñita ciega de seis años no estaba presente. Fue un servicio matutino del día de Pascua, con la congregación local como únicos asistentes. No sé si la niña estaba dormida o en realidad no estaba ahí, pero se lo perdió, porque el Señor mostró Su gloria en aquel servicio y sanó a muchos. Al principio del servicio final el Señor me informó que me reservara para ministrar a aquellos que estaban de visita. Eso quería decir que la niñita que se había perdido el servicio de la mañana no tendría otra oportunidad de ser sanada porque sus padres eran miembros de la congregación local.

Una línea de personas enfermas llegó hasta el altar y comencé uno por uno a orar por ellos. Al final de la línea, de reojo, vi una mujer en una silla de ruedas. Tenía un tanque de oxígeno colgando de la parte de atrás de la silla, con tubos plásticos que llegaban hasta su nariz. Poco a poco, mientras me acercaba a ella, podía sentir que la fe de la congregación iba en aumento porque todos los que estaban en la línea estaban siendo sanados. Cuando al fin llegué a donde estaba la señora, le pregunté por qué necesitaba el oxígeno. Ella contestó que debido a un tumor en su pecho, que presionaba sus pulmones, no podía respirar sin usar el oxígeno.

Yo quería saber el nivel de su fe en ese momento, así que le pregunté que si ella creía que Dios podía sanarla en ese momento. Ella contestó con un firme: "¡Pues, claro que si!"

Esa respuesta me entusiasmó grandemente, porque ese tipo de respuesta no es muy común en nuestra iglesia. Ese tipo de respuesta es la que debe aprovechar un evangelista, porque ese es el tipo de fe que producirá milagros. Su respuesta fue tan parecida a la de un niño que me comencé a nutrir de su fe. Entonces le pregunté si después de la oración, cuando Dios la sanara, como muestra de su sanidad ella estaba dispuesta a pararse. Le dije que esto era no solo para confirmar su sanidad, sino que también sería una señal para el resto de la congregación de que Dios había completado el milagro. Finalmente le dije: "Ni siquiera voy a poner mis manos sobre usted, solo voy a señalarla con el dedo y declarar su sanidad en el nombre de Jesús." Eso no le importaba porque ella estaba convencida de que, cuando yo terminara de orar, ella iba a tener su respuesta.

Hice una oración corta y una vez hube terminado, ella se paró inmediatamente. El tumor había desaparecido instantáneamente, ella se golpeaba suavemente el pecho a ver si podía encontrarlo. Cuando le pregunté si seguían siendo necesarios los tubos en su nariz, ella contestó que no y alegremente se los quitó. Entonces la tomé por la mano y comenzamos a dar una caminata victoriosa por la iglesia.

El poder de Dios se derramó de una manera tan gloriosa que toda la congregación se estaba regocijando en el Espíritu. Cuando regresamos al frente había decidido que era un buen momento para dejar el resumen del servicio al

Pastor local. Cualquier evangelista que sepa hacer su trabajo sabe que la misión está cumplida cuando la Gloria de Dios llena el lugar, y ese día la misión ya estaba cumplida.

Regresé a la plataforma a orar, pero en realidad no estaba orando. Comencé a escuchar los gritos y exclamaciones de las personas y solo quería aprovechar el momento. Fue en este momento cuando el orgullo empezó a penetrar mi corazón.

También estaba escuchando lo que las personas decían de mí y de cómo nunca habían visto a un hombre ser usado tan poderosamente por Dios como había ocurrido ese fin de semana. Mi ego continuó aumentando con una de las características que Dios más detesta: el orgullo. Desafortunadamente para mí, estaba a punto de ser humillado por Dios. A Él no le gustó lo que yo había permitido que entrara a mi corazón y Se iba a asegurar que no se quedara ahí.

Cuando me paré de orar, vi que al pie de la plataforma estaba la niñita ciega esperando por mí, indicándome que me acercara a ella. Traté de explicarle que mi tiempo para ministrar había terminado, pero ella no aceptaría un no. En realidad yo no quería ministrarla porque ella era ciega y en ese momento de mi ministerio, por cualquier razón, el don de sanar los ojos no había sido perfeccionado en mí. Para aquellos de ustedes que no lo saben hay varios dones de sanidad, no solamente uno.

Mientras un siervo de Dios continúa usando lo que Dios le ha dado, tiene la oportunidad de continuar el crecimiento hasta la perfección. Hay muchas victorias y derrotas en lo que llega ese momento. Yo no quería aguar la fiesta por lo que Dios había hecho ya, así que estaba tratando de convencerla de que orar por su condición no sería posible. Aun así, ella no aceptaba un no por respuesta. Después de tanta insistencia cedí a su voluntad y comencé a orar por ella sin mucha esperanza de éxito. No obstante, cuando me di vuelta vi algo que no esperaba ver. De pronto, el ojo tembloroso que le estaba causando la ceguera dejó de moverse.

El orgullo que tenía dentro mi me hizo enojar. Yo sabía que estaba ocurriendo un milagro, pero como no podía atribuírmelo a mí eso me hizo enfurecer aun más. Hicimos algunas pruebas para confirmar el milagro y cuando todo se calmó tuve que admitir que ella podía ver. Por mi orgullo, casi me pierdo la experiencia del milagro más grande que Dios ha hecho en mi ministerio.

LA FE DE UNA NIÑA DE CUATRO AÑOS

¿Quiere saber por qué esta niña ciega fue sanada? Por supuesto que fue su fe la que abrió las puertas del Cielo para este milagro. ¿Se preguntó de dónde vino su fe? Su fe vino del corazón de su hermana menor, que tenía solamente cuatro años. Después me contaron que su hermana menor iba a la puerta del cuarto de ella cada diez minutos aproximadamente repitiendo esto: "Cuando el ciervo de Dios venga a nuestra iglesia Dios te va a sanar." Todos los días, cada 10 minutos, ella lo hizo.

Casi puedo percibir lo que están pensando muchos de los lectores ahora. Muchos de ustedes están pensando; claro, a esa edad una niñita puede decir cosas increíbles como esta. Ella no sabe. Ella no entiende que hay veces en las que, simplemente, Dios no sana y para ella todo es posible. Esa es exactamente la clave. A menos que seamos como niños pequeños que confían a Dios las cosas imposibles, nunca vamos a ver la Gloria de Dios llenar nuestras congregaciones. La fe de un niño es la que cree todo lo que le permite a Dios ser Dios.

Si se hiciera una llamada al altar en estos momentos, ¿tendrías la humildad necesaria para permitir a Dios enseñarte cosas de Su Espíritu de las cuales no sabes nada? ¿Estarías dispuesto a confiar en Él con todas tus fuerzas, incluso si Él no dice qué está haciendo? Solo una fe como la de un niño le daría a Dios ese tipo de control ¿Estás dispuesto?

Capítulo 4
¿DÓNDE ESTÁ TU FE?

Es, pues, la fe la certeza de lo que se espera, la convicción (evidencia-ingles) de lo que no se ve.
(Hebreos 11:1)

Y les dijo: ¿Dónde está vuestra fe?
(Lucas 8:25)

Uno de los conceptos más controvertidos, o malinterpretados, de la Biblia es la fe. Debido al mal uso y abuso de ella en el pasado, las personas no están tan dispuestas a correr el riesgo de poner en peligro sus reputaciones haciendo extravagantes declaraciones que no se van a cumplir.

Como si fuera poco, aquellos que trabajan en el área de la fe han tratado de mantenerla tan misteriosa, espeluznante y solo entendible para pocos que el resto de nosotros simplemente levantamos nuestras manos inútilmente y nos damos por vencidos.

Pero el mayor error que he visto cometer a un predicador al tratar de explicar la fe, es la inhabilidad de distinguir la fe de la esperanza. Debido a que son similares en muchos aspectos, muchos asumen que son la misma cosa, pero sus diferencias son como el día y la noche.

ESPERANZA: MIRANDO AL FUTURO

Superficialmente, la fe y la esperanza parecen ser lo mismo porque ambas confían en cosas que no pueden ser vistas. Ya sea que estás esperando por una sanidad física, o que Dios te ha prometido bendecirte financieramente, o incluso un padre que está esperando en Dios por la salvación de uno de sus hijos; estas cosas no son vistas fácilmente a simple vista. Vamos a ver donde es que las dos se empiezan a separar. La esperanza mira al futuro y debe ser paciente. *Pero si esperamos lo que no vemos, con paciencia lo aguardamos.* (Romanos 8:25) Perseverar en tiempos de espera; es más fácil decirlo que hacerlo. Mientras más se demora nuestra respuesta, más fácil es para nosotros perder la esperanza. Muchos han dicho, desesperadamente, que después de haber recibido una promesa de Dios, verdaderamente creyeron que Él la cumpliría, el asunto es que nunca pensaron que iba a tomar tanto tiempo.

Su perseverancia y paciencia no solo habían comenzado a disminuir, por consecuencia, también los estaba enfermando. Qué ciertas las palabras de Salomón cuando dijo: *La esperanza que se demora es tormento del corazón...* (Proverbios 13:12). En este momento es posible que usted se esté preguntando: "En primer lugar, ¿cuál es el objetivo de tener esperanzas si no va a solucionar mi problema?" Contestaré esa pregunta después de explicar qué es la fe y como las dos trabajan juntas.

FE: ES AHORA MISMO

La diferencia más notable de la fe comparada con la esperanza es que la fe no tiene tiempo de esperar. Tampoco puede ser paciente. La fe consiste en "ahora mismo." Tomará la esperanza del futuro, la convertirá en los pasos diarios necesarios para obtener una respuesta y los pondrá en acción. La fe no se sienta a esperar, se mueve. En este momento, quiero tomar los dos conceptos y juntarlos y así mostrarles como Dios usa ambas para ayudarnos a recibir lo que Él nos da. Este es el proceso que Dios usa para proveer para sus hijos. Cuando el Señor ha escogido usar el tiempo para hacer que su promesa se cumpla, nosotros usaremos la esperanza para que nos mantenga en nuestra espera.

Pero en el momento que Dios está listo para abrir sus manos proveedoras nosotros debemos convertir nuestra esperanza en fe. Aquí es donde la mayoría de nosotros fallamos la prueba. Muchos en el reino dicen que esperan en Dios por fe. Eso es imposible, porque la fe no espera. De hecho, ellos esperan por esperanza. A menos que sean capaces de convertir su esperanza en fe van a estar esperando hasta el fin del tiempo, porque Dios siempre responde a la fe.

¿Entonces como hacemos esta conversión? En uno de los capítulos anteriores expliqué como la fe viene por el oír (Romanos 10:17). Cuando Dios esté listo para actuar Él nos dará instrucciones precisas sobre lo que se debe hacer para recibir. Ese rhema (por ejemplo, una palabra específica, para una persona específica, para un tiempo determinado) puesto en acción siempre traerá los resultados deseados. La fe no es un concepto misterioso, ambiguo, abstracto que no pueda ser entendido o encontrado. La fe es, simplemente, escuchar la Palabra de Dios, escrita o hablada, obedeciéndola y poniéndola en acción. No es ni más ni menos que eso.

Es tan sencillo que hasta un niño puede hacer esto (ver el capítulo 3).

Cuando llego a esta parte de la explicación de las diferencias entre fe y esperanza, hay una pregunta que las personas siempre se mueren por hacer. Ellos preguntan: "¿Cómo puedes estar seguro que lo que estás oyendo o sintiendo que tiene el sello de Dios es realmente Dios?" La respuesta que siempre doy es esta. NUNCA ESTOY SEGURO. Si hubiera una seguridad del 100% de que lo que estoy oyendo viene de Dios y es verdaderamente Él, entonces mi respuesta hacia Él no necesitaría fe. Permítanme calmar sus nervios un poco y compartir con ustedes un par de factores que aparecen siempre que Dios quiere que actúe por fe.

1. Me pedirá que haga algo que nunca he hecho, o rara vez hago.

2. Al recibir las instrucciones de Dios, el enemigo viene inmediatamente a intimidarme, haciéndome sentir miedo.

El conocimiento de estas cosas no quita el miedo ni hace mis tareas más fáciles. Por lo tanto, tomo la decisión de actuar por fe y Dios siempre viene al rescate.

Aprendí una gran lección de los investigadores de escenas de crimen (CSI, por sus siglas en inglés). Cuando llegan a una escena de crimen ellos se concentran principalmente en la evidencia, a pesar de haber varias personas que han sido testigos de lo ocurrido. ¿Por qué? Porque a diferencia de las personas, la evidencia nunca miente. Es de fiar, segura y consistente.

La evidencia nunca fluctúa o cede ante la presión. Siempre es la misma. He usado este tipo de pensamiento aplicándolo a la Palabra de Dios. Después de un período de tiempo de esperanza, Dios comienza a convertir nuestra bendición en palabra a través de Su rhema. En el momento que recibimos Su palabra se convierte en la sustancia, la materia, el material que podemos palpar, al cual nos podemos aferrar, poniéndolo en acción para demostrar Su gloria. Esas circunstancias o situaciones nos pueden tentar a alejarnos del mensaje que hemos recibido de Dios, pero Su Palabra es siempre de fiar, segura y consistente. Nunca fluctúa o cede ante la presión de las personas. Nuestra fe es realmente la evidencia de las cosas que no se ven.

EL MILAGRO EN EL ESTANQUE

Un día mientras Jesús caminaba por el estanque de Betesda encontró un hombre paralítico esperando su sanidad.

Se sentó allí teniendo esperanza, porque creía que la costumbre de los judíos en relación a la sanidad era cierta. Esa costumbre decía que aquel que primero se metiera al estanque después de que un ángel del Cielo descendiera y moviera el agua, este sería sanado. Jesús se le acercó, estoy seguro que conociendo la tradición, y le preguntó: *¿Quieres ser sano?* (Juan 5:6) Veremos su respuesta en un instante, pues me gustaría que especuláramos un momento sobre lo que quizás estuviera pensando el paralítico.

Ustedes saben tan bien como yo que no siempre contestamos una pregunta con lo que verdaderamente estamos pensando. Por la forma en que le contestó al Señor me pregunto qué estaría realmente pensando. ¿Qué tipo de pregunta era esa? Este hombre debe ser de otro pueblo; ¿no sabrá él que todos los enfermos se reúnen alrededor de este estanque esperando ser sanados? Yo no estoy aquí para broncearme, sabes. Pero miren las palabras que verdaderamente salieron de su boca.

Señor, le respondió el enfermo, no tengo quien me meta en el estanque cuando se agita el agua; y entre tanto yo que yo voy, el otro desciende antes que yo.

(Juan 5:7)

Sus esperanzas estaban en entrar al estanque primero, porque esa era la única forma que él conocía para sanarse. El problema con esto es que esa no fue la pregunta que Jesús hizo. La pregunta del Señor podía haber sido contestada con un simple "si" o "no". Jesús no estaba interesado en saber por qué él no había sido sanado, Él solo quería saber si todavía quería ser sanado. En esos momentos en los que el Señor nos hace la misma pregunta, nuestra respuesta es muy parecida. En vez de contestar con un "si" o "no" divagamos una y otra vez con nuestras razones y excusas sobre por qué no somos sanados. Hay veces en las que retrocedemos en el tiempo a los padecimientos de nuestros padres, abuelos e incluso bisabuelos para justificar que lo que estamos padeciendo hoy en día ha estado siempre en la familia.

Pero para Él esto no es relevante. Él solo quiere saber si queremos ser sanados hoy.

Aquí es cuando nuestra experiencia con Dios, o la falta de esta, juega un gran papel. Muchas veces limitamos a Dios en hacer milagros por las cosas que sabemos o hemos visto. Hay tantas cosas en las que somos tan tradicionales que, cuando Dios comienza a hablarnos en una forma en la cual no estamos acostumbrados a escucharlo, lo desechamos por no ser la voz de Dios.

Cuando salgo a ministrar en una iglesia no uso aceite de unción, con toda intención, para orar por los enfermos. No lo hago porque no creo en esta costumbre, no obstante mi propósito en ese servicio es mostrarle al pueblo de Dios que hay más de una forma en la que el Señor puede sanar. A veces ni siquiera oro por ellos, para ayudarlos a entender que este método también es bíblico. Deberían ver las miradas disparatadas que me lanzan las personas cada vez que le pregunto a alguien si ellos creen que Dios los puede sanar si no oro por ellos. Ellos creen que es una pregunta engañosa.

Regresemos al hombre paralítico y veamos como Jesús lo ministró, para que vean que mis métodos no son tan absurdos como pudieran pensar.

Jesús le dijo: Levántate, toma tu lecho, y anda.
(Juan 5:8)

¿Dónde está la oración en esa declaración? A mí me da la impresión que Jesús lo miró a los ojos fijamente y declaró su sanidad. Por años estuve haciendo esto, sin darme cuenta que lo que estaba haciendo era bíblico, aun así fui altamente criticado.

El hecho de que las personas estaban siendo sanadas a diestra y siniestra no importaba, porque no lo estaba haciendo como los demás.

Volvamos de nuevo al dilema del paralítico para ver las preguntas que él se hacía aquel día. Recuerden que Jesús solo le dijo que se levantara. ¿Qué iba a hacer él con esa orden? ¿Qué tipo de decisiones tendría que tomar?

1. ¿Quién era este hombre que daba estas increíbles órdenes?
2. ¿Por qué estaba cambiando la forma en que las personas se sanaban?
3. ¿Era lícito hacer esto en sábado?

Primero que todo, lo más probable es que nunca hubiera visto a Jesús, ni escuchado sobre Él.

¿Qué Le daba la autoridad para hacer este tipo de órdenes? El Señor le estaba pidiendo que cambiara completamente la forma en la cual les habían enseñado que recibirían la bendición que él tanto necesitaba. Finalmente, el hombre paralítico sabía que en sábado no se debía hacer ningún trabajo.

Estaba destinado por Dios para ser un día de reposo. ¿Estaría él quebrantando una ley que pudiera condenarlo finalmente al infierno? ¿Qué tendría de bueno ser sanado físicamente si, al llegar la eternidad, eso equivalía a estar sin Dios? Solamente un rhema de Dios permitiría a esa persona arriesgarse de tal manera. Lo que el paralítico escuchó ese día y lo que Jesús, con toda autoridad, le había dicho eran suficientes para arriesgarse. Entonces, él tomó esa palabra, la puso en acción y echó a andar con ella. Que muestra de fe tan magnífica viniendo de un hombre del cual no se esperaba.

CRECIENDO EN LA FE: UN APRENDIZAJE CONTINUO

Entender la fe y su uso en el día a día ha sido para mí un aprendizaje continuo. Tuve que deshacer la rígida filosofía de verificación en la cual fui enseñado en el mundo de los negocios.

En esa área la fe es tan escasa que todo gira alrededor del resultado. La lógica era seguida fielmente y todo lo demás era desechado.

Me viene a la mente una lección de fe cuando el Señor comenzó a hablarme al empezar a perder masa muscular en mi pierna derecha. Hubo un gran debilitamiento en la pierna cuando todavía no me dolía. Hasta el día de hoy los médicos no han sido capaces de descifrar lo que está ocurriendo. Algunos dicen que es por complicaciones relacionadas con la diabetes; otros han ido más lejos, creyendo que la polio que ha estado inactiva en mi cuerpo por más de 40 años ha comenzado a reaparecer. El Señor ha estado un tanto silencioso respecto a los porqués de mi condición.

Ya he escrito que toda necesidad que Dios quiera solucionar, necesita de tiempo, siempre comienzan con esperanza. Para satisfacer ese requerimiento el Señor me dio una promesa. Si comenzaba un programa de caminatas, Él me sanaría mientras estuviera caminando. Me parecía una petición posible, así que comencé a caminar. Como no había un período de tiempo incluido en la promesa, me decepcioné mucho cuando no recibí la respuesta rápidamente. Los días se convirtieron en semanas, las semanas en meses y aun no me sanaba.

Un día mientras caminaba recibí nuevas instrucciones. "Ahora hay que correr," dijo el Señor. ¿Correr? Todavía tenía dificultades para caminar, cuanto más para correr. Cuando me burlé de Su invitación dijo de nuevo: "corre".

"Dios", contesté, "tienes que estar bromeando, Tú sabes que no puedo correr."

"Vamos, corre."

Yo estaba un poco disgustado por Su persistencia, así que decidí ponerme espiritual. "¿No decías en Tu mensaje que me ibas a sanar mientras estuviera CAMINANDO?" No hubo respuesta, como yo sabía que no iba a ganar esta discusión, me callé e intenté correr. Después de solamente 10 segundos mi pierna derecha me falló y casi me caigo. Miré al cielo, apunté mi dedo hacia arriba y dije: ¡VISTE!

El señor no contestó a mi reto, esperando tranquilamente a que me calmara. Entonces me pidió que lo intentara de nuevo. Aunque no estaba de acuerdo en volver a intentarlo, había algo dentro de mí que me decía, *Hay una lección para ti en todo esto,* pon todas tus fuerzas en esto. Me fijé en mi reloj y comencé a trotar de nuevo, y para mi sorpresa esta vez pude correr por 30 segundos sin que mi pierna fallara.

Continué caminando por varios minutos, cuando el Señor vino de nuevo a mí y me dijo: "Hazlo de nuevo."

Esta vez comencé a trotar sin dudarlo y cuando miré mi reloj de nuevo, para mi asombro, había estado corriendo por un minuto y 20 segundos. Comprendo que ese no es un período de tiempo muy largo, aun así me podía aferrar a ese acto de fe hasta ver mi pierna completamente sana.

Después de eso continué aumentando el tiempo hasta que llegué a correr por más de una hora, algo que nunca había logrando antes. (Nota al lector: la pierna no ha sanado todavía, explicaré en un capítulo posterior.)

QUE DICE LA EVIDENCIA?

Las mentiras que hemos aceptado del enemigo, que nos impiden dar esos pasos de fe, tienen dos caras. La primera mentira es el decir que no tenemos fe y eso es aceptado tan fácilmente porque muchas veces ni siquiera sabemos cómo despertar nuestra fe. Pero en los momentos difíciles siempre podemos acudir a Su Palabra, porque es nuestra evidencia, y la evidencia nunca miente.

... piense de sí con cordura, conforme a la medida de fe que Dios repartió a cada uno.
(Romanos 12:3)

El apóstol nos dice que Dios ha dado a cada uno una medida de fe para que seamos capaces de pensar por nosotros mismos. Nadie en Su reino ha sido excluido, porque la evidencia así lo muestra. La segunda mentira de nuestro adversario es más amañada, aunque admite que el pasaje de Romanos es cierto, pues dice que la fe que tenemos no es suficiente para producir la respuesta que necesitamos. Cuando se hacen estas falsas acusaciones todo lo que necesitamos hacer es volver a la evidencia, una vez más. ¿Qué tipo de fe es necesaria para mover las montañas de nuestras vidas?

> *Jesús les dijo: ... si tuviereis fe como un grano de mostaza, diréis a este monte: Pásate de aquí allá, y se pasará; y nada os será imposible.*
> (Mateo 17:20)

Si no estamos recibiendo respuestas de Dios no es Su culpa. Si mover las montañas de nuestras vidas solo requiere tener fe del tamaño de un grano de mostaza, y aun no recibimos respuestas, eso quiere decir que no estamos poniendo nuestra fe en acción. En este caso la evidencia es bastante clara, las ventanas del Cielo se abrirán a aquellos que extiendan sus manos a Él por fe.

Durante años arduamente he tratado de entender por qué nosotros, como hijos de Dios, no ponemos nuestra fe en acción. Me calma un poco el saber que por varias generaciones ha habido confusión entre esperanza y fe. La fe no es por lo que la iglesia vive en estos días. A decir verdad, las bendiciones de Dios han sido tan abundantes que en muchos casos no es necesario moverse dentro de la esfera de la fe. Nuestros hogares y familias, nuestras finanzas, incluso nuestra salud están asegurados por otros elementos a parte de Dios. Considerando que la condición de la iglesia solo se deteriorará, no es una locura creer las palabras de Jesús cuando dijo: *Pero cuando venga el Hijo del Hombre, óhallará fe en la tierra?*(Lucas 18:8)

PONIENDO LA FE EN LA PERSONA EQUIVOCADA

Escuchen lo que les pasó a una mujer y su hija durante un viaje misionero que hice a México. El Señor me había enviado al mismo lugar dos veces en el mismo año, Tecoman, México. El último día de mi primera visita vi a una niña usando aparatos en ambas piernas. Me enteré que su pierna derecha era más corta que la izquierda. El hueso de la cadera estaba fuera de posición, movidos hacia atrás. Debido al desnivel en las piernas estaba obligada a usar aparatos en ambas, siendo separadas por una varilla.

Debido a estos aparatos ella no podía mover un pie primero y otro después al caminar. Pasaba bastante trabajo para moverse. Cuando sentí la necesidad de orar por ella sabía que era Dios el que me lo pedía porque inmediatamente el enemigo comenzó a meterme miedo.

Él sabía que yo sabía que nunca había orado por alguien que estuviera en esas condiciones. Para empeorar las cosas yo me había asustado la noche anterior y no había orado por esta niña. Viendo que se me había dado una segunda oportunidad decidí actuar por fe, dejando el miedo atrás. Senté a la niña y le quité los aparatos. Le dije que extendiera ambas piernas y las dejara así mientras orábamos. Después de una breve oración la paré. No parecía haber ocurrido ningún milagro mientras orábamos. Pero al pararse ya ella no estaba inclinada hacia un lado, se paró derecha.

El hueso que estaba fuera de su lugar se había movido para que su cuerpo estuviera perfectamente recto. Le pregunté si podía caminar, pero como estaba tan adaptada a usar los aparatos sus primeros intentos fueron poco convincentes. Caminaba muy despacio. Recuerden que ella no estaba adaptada a poner un pie delante del otro para caminar. Dejé que se sentara, parecía bastante cansada. El servicio estaba terminando y el Pastor pidió una última ofrenda. Mientras su mamá le daba algo para que pusiera en la canasta de la ofrenda, algo increíble sucedió.

La niña estaba caminando igual que al momento de ser sanada. Pero cuando su mano soltó el dinero que depositó en la canasta, ella comenzó a convertir su esperanza en fe. Ella comenzó a correr entre la congregación como un velocista olímpico lo haría por su país. Ella daba vueltas y vueltas mientras la Gloria de Dios entraba en el santuario.

Me divirtió ver la cadena que había formado con otros niños bailando. Se puso los aparatos en la cabeza como un adorno y junto con los niños que estaban con ella bailaron toda la noche. Compuso un pequeño canto que repetían una y otra vez. "No tengo que ir a Guadalajara." Guadalajara era la ciudad que visitaba cuando tenía que ver al doctor.

Le pedí a la madre que la llevaran al médico para que ellos pudieran confirmar lo que Dios había hecho, así Él podría recibir toda la gloria por lo que había pasado. Ella dijo que lo haría.

Cuando regresé a Tecomán ocho meses después busqué entre la multitud, esperando ver a la niña, pero no la pude encontrar. Le pregunté al Pastor y muy apenado me dijo que ella y su mamá nunca más habían vuelto a ir. Cuando le pregunté el porqué me dijo: "¿Recuerdas que le pediste a la mamá que fuera a ver al médico para que confirmara la sanidad que Dios había hecho?" "Por supuesto," le dije.

Él continuó diciendo: "Eso fue exactamente lo que hizo. Cuando llegaron a Guadalajara y fueron a la consulta del médico la niña estaba jugando con los aparatos encima de su cabeza. Cuando los doctores fueron a saludarlas y la vieron jugando, incrédulamente comenzaron a regañar a la madre. Decían, "¿Está usted loca? ¿No sabe usted el daño que le está haciendo al quitarle esos aparatos? Póngaselos de nuevo o no solo le vamos a quitar la niña, si no que usted será llevada a la cárcel para que más nunca pueda verla de nuevo."

Totalmente asustada y sorprendida por sus reacciones hizo lo que le dijeron y se fue. Dos meses después, todo lo que Dios había hecho aquel día se deshizo. La niña tuvo que volver a usar los aparatos que tanto odiaba. Al darse cuenta la madre que había cometido un error, su orgullo no le permitiría regresar a la iglesia."

POR QUÉ DIOS UTILIZA A LOS MÉDICOS

No escribí este testimonio con la intención de denigrar nada de lo que han alcanzado los que trabajan en la medicina. La medicina ha hecho grandes descubrimientos que creo que han sido inspirados por Dios. ¿Cómo es eso? En su inmensa sabiduría Dios sabía que en estos tiempos vivir solamente por fe sería algo complicado incluso para aquellos en la iglesia (ver Lucas 18:8). Así que ha abierto las mentes de doctores e investigadores por igual para descubrir tratamientos y medicinas que curen nuestros cuerpos.

Él sabía que muchos no aceptarían la provisión que sería recibida solo por fe, así que inventó otra manera.

Por supuesto, habrían padecimientos que no tendríamos que sufrir mientras fuéramos sanados por Dios. Como la profesión médica es una práctica, esto significa que hay veces que los médicos no saben lo que están haciendo, habrán efectos secundarios los cuales tendremos que soportar. Por otro lado, la sanidad recibida desde el Cielo es genuina, pura, indiscutible, sin ningún efecto secundario. Es increíble creer que la mayoría de las personas hoy en día escogen la provisión menor, cuando la que Dios ofrece no es solo superior, si no gratis.

Según ellos no vale la pena sacar a las personas de su ambiente y llevarlas al círculo de la fe. Es muy difícil. En realidad a nadie le gusta el cambio, especialmente uno que conlleva perder el control de sus vidas. Sin embargo, nunca es muy difícil; así es como Dios lo quiso. Nos concentraremos en eso en el próximo capítulo.

Capítulo 5
ES DEMASIADO DURO (DIFÍCIL)

Tú, pues, sufre penalidades como buen soldado de Jesucristo.

(2 Timoteo 2:3)

Como base para este capítulo me gustaría dedicar un poco de tiempo para definir la palabra dureza. El diccionario **Webster's** dice que es una cualidad de duro. Duro equivale a fuerte, que resiste, algo que no es blando.

La mayoría de los licores duros tienen alto contenido de alcohol. Si el agua tiene alto contenido de químicos no permite hacer mucha espuma y corta el jabón, por lo tanto se le considera agua dura. Se consideran problemas duros o difíciles aquellos que necesitarán más de nuestro esfuerzo para encontrar soluciones que no se consiguen fácilmente. Algunas veces los problemas que enfrentamos parecen ser insuperables.

Es difícil de explicar y de entender la aspereza, severidad e incomodidad que traen estos problemas.

En mi último libro, **Un Día Malo** (capítulo 9), conté la historia de la prematura muerte de un niño de cinco años de edad, amigo de mi hija Stephanie. Todavía hoy es difícil comprender como Dios permitió que esa tragedia sucediera. Estoy seguro que los padres de Stephen, el niño que murió, están de acuerdo conmigo. Este tipo de incertidumbres pesan mucho en nuestras mentes. Son los dardos venenosos que serán evitados si es posible.

Vale decir que, aunque estos ejemplos lo hacen más difícil de creer, hay beneficios en la dificultad. Cualquier artista reconocería que los distintos tipos de dureza en sus lápices es lo que da detalle y belleza a sus dibujos. Hemos comprobado que cuando la punta es suave produce un matiz más oscuro, a la vez que cuando es más dura deja un matiz más claro. Si llevamos esto a los términos de vivir por Cristo, veremos que vivir una vida floja no producirá muchas bendiciones. Si nuestro servicio a Dios es flojo, haragán, inmaduro y carnal siempre estaremos en la sombra.

Los secretos y los misterios del Evangelio permanecerán ocultos y nuestro crecimiento en Él será mínimo. Por otro lado, si nuestro servicio a Dios es dedicado (duro), con un esfuerzo centrado y coordinado, aceptándolo como un tesoro precioso, la luz puesta sobre nosotros iluminará nuestro camino hacia la sabiduría y el entendimiento en el reino.

Sabiduría ante todo; adquiere sabiduría; Y sobre todas tus posesiones adquiere inteligencia. Engrandécela y ella te engrandecerá; Ella te honrará, cuando tú la hayas abrazado. Adorno de gracia dará a tu cabeza; Corona de hermosura te entregará.

(Proverbios 4:7-9)

NUESTRA IDENTIDAD

Cuando resistimos la dureza de los ataques de Satanás seremos fortalecidos en Cristo. Nuestra armadura de protección no solo será invencible, si no que resplandeceremos con un brillo que nos identifica como el Ejército del Señor. Seremos traídos a la luz de vida si seguimos Su guía.

> *Otra vez Jesús les habló, diciendo: Yo soy la luz del mundo; el que me sigue, no andará en tinieblas, sino que tendrá la luz de la vida.*
> (Juan 8:12)

Si hay algo que Satanás no soporta es la luz. El Príncipe de las Tinieblas queda en evidencia ante la luz. Es la luz la que descubre sus diabólicos planes. Como los roedores y las cucarachas que se aprovechan de la oscuridad para moverse libremente haciendo estragos, Satanás también corre a esconderse cuando se enciende la luz.

> *Porque todo aquel que hace lo malo, aborrece la luz y no viene a la luz, para que sus obras no sean reprendidas. Mas el que practica la verdad viene a la luz, para que sea manifiesto que sus obras son hechas en Dios.*
> (Juan 3:20-21)

UNA EXPERIENCIA REVELADORA

La primera vez que fui a Las Vegas fui enviado por mi empleador a una convención de computadoras. A mi llegada estaba algo asustado debido a todas las historias que había escuchado sobre la "Ciudad del Pecado". Durante el día había períodos en los cuales se nos permitía salir de centro de convenciones para un receso. Mientras contemplaba Las Vegas Boulevard, admirando la belleza de los casinos y hoteles, no podía entender cuál era el gran problema con Las Vegas.

Parecía como cualquier otra metrópolis con personas caminando por las calles, ocupándose de sus cosas; no se veía nada de la supuesta depravación que dominaba la ciudad día y noche. Comencé a pensar que lo que había escuchado no eran más que exageraciones. Vi casinos como el "Circus Circus" que estaban dedicados al disfrute de toda la familia.

Me habían dicho que Las Vegas estaba cambiando para atraer más familias y debido a eso, en gran parte, los casinos se estaban convirtiendo en lugares de familia. Estaba empezando a cambiar mi posición sobre "la ciudad que nunca duerme" cuando, lentamente, el sol comenzó a ponerse.

Cuando se terminaron los seminarios nos dieron las noches libres, así que salimos a las calles a ver la ciudad. Ahí fue cuando comprendí por qué la ciudad tenía aquella reputación. Inmediatamente sentí la maldad sobre mí.

Mientras miraba alrededor noté que las personas estaban vestidas diferente, especialmente las mujeres, mucho más provocativas. El espíritu de tranquilidad se convirtió en besos desenfrenados, abrazos, manoseo. Había hombres en las esquinas entregando volantes de los prostíbulos locales, sin ninguna pena. Los niños que vi por el día fueron remplazados por adolescentes menores de edad borrachos, buscando pasar un buen rato. Fue la noche la que descubrió toda esta locura. Era la noche la que ocultaba lo que no era lícito y era la noche la responsable de la frase "lo que pasa en Vegas, se queda en Vegas."

Por eso no es para nada sorprendente que Satanás use la noche para hacer mejor su trabajo. No obstante, la luz es más brillante cuando la noche es más oscura. Solo resistiendo destruiremos el trabajo de la oscuridad, solo resistiendo nuestra armadura brillará más.

> *La noche está avanzada, y se acerca el día. Desechemos, pues las obras de las tinieblas, y vistámonos las armas de la luz.*
> (Romanos 13:12)

Si vamos a soportar lo difícil (duro) como dice la Escritura, para que nuestra armadura de luz pueda protegernos entonces debemos darnos cuenta de que la lucha que tendremos es espiritual.

> *Porque no tenemos lucha contra sangre y carne, sino contra principados, contra potestades, contra los gobernadores de las tinieblas de este siglo, contra huestes espirituales de maldad en las regiones celestes.*
> (Efesios 6:12)

EL EJÉRCITO ALTAMENTE ORGANIZADO DE SATANÁS

La Escritura nos ayuda a entender que el ataque del diablo está bien organizado. Él es un tremendo estratega con un plan maestro. Sus planes están bien pensados y han sido usados por miles de años para perfeccionarlos. Sus soldados están comprometidos a cumplir con un solo propósito, destruir completamente a aquellos que les son asignados. Incluso puedo ir más allá al decirte que él hará todo lo que esté a su alcance para destruirte y que no te puedas recuperar. Como en la guerra y en el amor todo se vale, y definitivamente esto es la guerra, por eso es que él pelea sucio.

Usted se pudiera preguntar ¿qué lo motiva tanto? Eso es fácil de contestar. *Porque hay un ... fuego eterno preparado para el diablo y sus ángeles.* (Mateo 25:41) Originalmente el infierno no fue preparado para ti y para mí, fue preparado como el lugar del juicio final para Satanás y sus demonios en la eternidad. Como a la miseria no le gusta estar sola, Satanás ha decidido llevarse con él a todos los que pueda. Es lógico pensar que él tratará de inundar tu cabeza con el agua más dura posible. El agua que él produce está llena de toda clase de amarguras, incluyendo mentiras, engaño, aflicción, enfermedad y daño. Esta agua es tan dura que una vez que penetra la voluntad de las personas, estas pueden sentirse totalmente abrumadas por su impacto. Pareciera que no tenemos oportunidad de ganarle a esta máquina de pelea de alto octanaje. Tengan en mente esta pequeña estadística. Por cada demonio que se te asigna para hacer tu vida miserable hay dos ángeles. Para estresar más a estos demonios, a ellos se les pide que cubran más terreno sin contar con más ayuda. La tasa de natalidad continúa aumentando rápidamente cada día que ellos (los demonios) trabajan horas extras solo para mantenerse. Encima de eso, la Palabra de Dios nos anima al refrescarnos la memoria con este dato increíble,

> *Y temerán desde el occidente el nombre de Jehová, y desde el nacimiento del sol su gloria; porque vendrá el enemigo como río, mas el Espíritu de Jehová levantará bandera contra él.*
> (Isaías 59:19)

No importa si vives en el oeste, en las soleadas playas de California o resides en las ciudades sobre pobladas de China en el este, Dios te protege. La Escritura dice literalmente que cuando el enemigo venga a nosotros como una inundación o como un *río* (Diccionario Strong´s) el Espíritu de Jehová vendrá sobre él como torbellino, y huirá y se esconderá. ¿Qué tipo de fuerza o poder tendrá ese efecto sobre la mente más malvada que haya sido alguna vez creada cuando nos ataca con armas resplandecientes? Solo pueden ser los ríos de Dios.

El que cree en mí, como dice la Escritura, de su interior correrán ríos de agua viva.
(Juan 7:38)

LOS RÍOS DE DIOS

Cuando un creyente lleno del Espíritu Santo acude a Jesús, crea un choque de titanes, los ríos de agua viva contra los ríos de Satanás. Realmente no es una lucha pareja porque el agua de Dios es más dura que la de Satanás. El compuesto químico del agua de Satanás no es rival para el amor, piedad, gracia y perdón de Dios. Por lo tanto *...Ninguna arma forjada contra ti prosperará...* (Isaías 54:17).

En realidad, hay un significado mucho más espiritual que le llama la atención a Satanás cuando los ríos de vida fluyen. El agua siempre le va a recordar El Calvario. *Pero uno de los soldados le abrió el costado con una lanza, y al instante salió sangre y agua.* (Juan 19:34) Generalmente, con todo derecho, la atención de este pasaje se fija en la sangre.

Nunca debemos olvidar la preciosa sangre que compró nuestra redención y salvación a través del perdón de nuestros pecados.

Pero en el plan de salvación Dios también nos dejó un mensaje, que a través de Su Espíritu esa agua de regeneración también nos ayudaría a vencer a nuestro enemigo. Los ríos de agua viva que fluyen dentro de nosotros y salen de nuestro corazón, nos conectan a Jesús en El Calvario.

Verán, cuando Su corazón se reventó por haber sido roto, en realidad eso fue lo que permitió que salieran agua y sangre por Su costado. Gracias al Calvario nosotros también podemos alzar bandera contra Satanás y no hay nada que él pueda hacer contra eso.

SOMOS ESCOGIDOS POR DIOS

Ahora avanzaremos al resto de las Escrituras que hablan sobre ser un buen soldado. Para comenzar, un buen soldado tiene la mentalidad de servir. Todas sus ideas, pensamientos, opiniones, deseos y sueños son puestos en segundo lugar. En su mente él ha sido enviado para servir sin reserva alguna, hasta morir incluso. Como un soldado en el ejército de Cristo, él entiende que ha sido escogido por Dios, lo cual trae apasionamiento y emoción y el recordar esto lo beneficiará en tiempo de guerra.

> *No me elegisteis vosotros a mí, sino que yo os elegí a vosotros, y os he puesto para que vayáis y llevéis fruto, y vuestro fruto permanezca; para que todo lo que pidiereis al Padre en mi nombre, él os lo dé.*
>
> (Juan 15:16)

Ha habido muchos momentos la vida en los cuales haber sido escogido tuvo una gran influencia para mí. Cuando estaba en sexto grado en la escuela primaria yo era el único en el distrito que tenía permitido tocar en la banda de la secundaria, fui primer instrumento. Después en noveno grado en la secundaria, se me permitió practicar con el equipo de fútbol universitario en el bachillerato local. Mientras estaba en el bachillerato fui el único de mi año en ser seleccionado para el equipo de fútbol de todo el Sur de California.

Cada vez que escuchaba que mi nombre era seleccionado me sentía muy especial. Saber que era el único que habían seleccionado no solo me hacía sentir humilde, sino que consideraba cada nombramiento un gran honor para mí. Era tal el impacto que se convirtió en la motivación principal para dar lo mejor de mí. Iba a hacer todo lo que estuviera a mi alcance para demostrarles a los que me habían escogido que habían tomado la decisión correcta.

Así es como tenemos que ver que Dios nos haya escogido. El maestro del universo nunca comete errores, como tampoco toma decisiones por obligación. Él sabe lo que quiere, sabe donde encontrarlo y como obtenerlo. Ser escogido por Él no es una idea de último momento, Él sabía exactamente lo que estaba haciendo. Considerando todo esto, ¿no cree que nos debemos a nosotros mismos el darle a Él lo mejor que tenemos? Si tenemos que soportar tribulaciones para hacerlo, pues que así sea.

Por este motivo, un buen soldado no se enredará en los gustos de la vida, no se dejará envolver o perderá el camino. En primer lugar quiere ser complaciente con quien lo escogió (2 Timoteo 2:4). Él entiende que se verá en situaciones precarias, las que levantarán su fe hasta el tope. Esas situaciones no le molestan porque sabe que será visto con buenos ojos ante la presencia de Dios al llevar su fe al máximo.

Pero sin fe es imposible agradar a Dios; porque es necesario que el que se acerca a Dios crea que le hay, y que es galardonador de los que le buscan (diligentemente).

(Hebreos 11:6)

¡Así mismo es! Dios está buscando soldados que estén dispuestos a servirle FIELMENTE (duro), o como dice la Escritura anterior *que le busquen (diligentemente-ingles)*. La mano de Dios siempre está abierta para proveer a aquellos que ponen el extra en sus esfuerzos por mantenerlo a Él como Señor de sus vidas.

Con el tiempo esto hace a Dios enorgullecerse de nosotros. Estos así llamados "soportadores" en la fe son tan pocos que cuando el Señor encuentra uno entre sus hijos se jacta de ellos. Eso es exactamente lo que pasó cuando el Señor y Satanás se encontraron un día.

Y Jehová dijo a Satanás: ¿No has considerado a mi siervo Job, que no hay otro como él en la tierra, varón perfecto y recto, temeroso de Dios y apartado del mal?

(Job 1:8)

JOB SOPORTA LA DIFICULTAD (DUREZA)

Antes de que Job tuviera una oportunidad de soportar la dificultad (dureza), ya Dios reclamaba sobre la integridad de este hombre. Dios continuó jactándose de Job en medio de su sufrimiento, después de perder su familia. El Señor está bastante tranquilo en la evaluación de la situación porque Él ya sabe el resultado. Job no lo sabía todavía pero el soportar la dificultad lo llevaría a la victoria. Ese es el tipo de confianza que Dios tiene en nosotros. Puede parecer que nos tiran a la lona y nos hacen conteo de protección, no obstante Él se enorgullece en el hecho de que *Él...llama las cosas que no son, como si fuesen.* (Romanos 4:17) Él puede emprenderla contra el acusador de los santos antes del hecho porque Él sabe que...*el que persevere hasta el fin, este será salvo.* (Mateo 24:13)

La decisión de perseverar es nuestra. El señor solo reclutará a aquellos que tengan la voluntad de luchar. Si no se evalúa el costo antes de que comience la lucha, la batalla estará perdida cuando llegue la dificultad (dureza) y/o los momentos duros. Cuando un soldado de Cristo no puede soportar la dificultad y renuncia, generalmente es porque no se tomó el tiempo para pensar en las consecuencias de su decisión.

En el momento clave de la batalla se toman decisiones impulsivas debido a que el sufrimiento tiende a entorpecer nuestra capacidad de discernir.

Cuando todo ha pasado es que tenemos la oportunidad de analizar la situación detenidamente y llegamos a la conclusión que debimos haber continuado.

He visto que las personas que no soportan la dificultad (dureza) son aquellos que no solo pierden de vista a Dios, sino también su destino. Aunque el Espíritu dentro de ellos se comienza a secar y llega a morir, también hay repercusiones físicas que analizar.

Físicamente, en muchos casos el corazón comienza a encogerse debido al trabajo excesivo hasta que deja de funcionar. Lo que es aun peor es el hecho de que esa persona no pudo soportar y como resultado nunca se convirtió en el hombre o la mujer que el Señor desde el principio había planeado que ellos fueran.

PERDIENDO SU DESTINO

Mi padre era un hombre lleno de vida. Vivió la vida al máximo y todo lo que hizo lo hizo con energía. Su vida era un signo de exclamación detrás de otro. Si usted buscaba en el diccionario la palabra resplandeciente, iba a encontrar una foto de él en el medio. Su carismática personalidad atraía constantemente a las personas. Él usó los dones que Dios le había dado al máximo para convertirse en uno de los más grandes vendedores que jamás he conocido. Era tan bueno que le podía vender un aire acondicionado a un esquimal en invierno. Mi admiración por él y sus habilidades creció cuando tuve la oportunidad de trabajar con él en la tienda de muebles que tenía. Cada día, durante cuatro años, miré con atención como administraba, manejaba y modificaba su estilo en una venta. Nada ni nadie se le podía resistir. Cualquiera que fuera el idioma en el cual se sintieran cómodos los que negociaban con él, ese era el que él hablaba. Me asombraba grandemente cuando lidiaba con personas latinas de distintos países, su acento en español variaba según el de la persona con la que hablaba. Era divertidísimo.

Nunca supe que él había tenido un llamado de Dios en su vida, uno que incluía un ministerio de predicación. En lo profundo de mi corazón yo siempre sentí que por su especial aptitud en lo dramático, él hubiera sido un gran predicador en nuestra iglesia, especialmente porque éramos Pentecostales. No supe de esto hasta que tuvimos una conversación abiertamente y franca. Nos sentamos a conversar un día en el que le iba a informar que no estaba interesado en continuar el negocio de la familia cuando él se retirara. Había recibido un llamado para predicar y quería dedicar el resto de mi vida a esta tarea. Pensé que él se decepcionaría grandemente al escuchar las malas noticias, pero en vez de eso sus ojos se llenaron de lágrimas y se emocionó mucho. Dijo: "Hijo, por más decepcionado que esté al saber que no podré traspasar mi negocio a ti, no podría sentirme más orgulloso." Fue en ese momento cuando admitió que hubo un momento en el que él también recibió un llamado de Dios en su vida. Su llamado nunca se consumó.

Cuando yo tenía cinco años mi papá se fue de la casa y mis padres se separaron. Él se había dejado enredar en las

Es Demasiado Duro (Difícil)

cosas de la vida y una carrera que le daba riquezas. Al tener tanto dinero a su disposición, las cosas materiales llegaron a ser más importantes que Dios. Él tenía talento suficiente para salirse de eso, tal era el talento que él fue iniciado en el ministerio sin apartar mucho tiempo para Dios. Su decadencia llegó cuando trató de darle un cuerpo a la lucha espiritual que tenía. Poco a poco su resistencia fue cediendo ante la dureza de la vida. No pudo soportar la presión. Cometió adulterio y dejó a Dios y su familia, pero también su destino.

Su muerte fue repentina y trágica, un ataque al corazón lo mató. Fue trágica en el sentido que el ataque al corazón no fue lo suficientemente fuerte como para causarle la muerte. Pero la autopsia mostró algo completamente inesperado. Su corazón estaba arrugado y completamente seco.

Este hombre de 51 años, lleno de vida, tenía el corazón de uno de 70 años. Cuando el Espíritu de Dios se comenzó a secar dentro de él, lo mismo le ocurrió a su corazón.

Nunca pensó que darle la espalda a Dios tuviera repercusiones físicas. Si tan solo hubiera resistido. Démosle una última mirada a soportar la dificultad (dureza). Su traducción literal es sufrir aflicciones junto con Dios. Puede parecer que estás solo en todo esto, pero la realidad es que cuando sufrimos Él sufre junto con nosotros. El daño, la decepción, el dolor son tan reales para Él como para nosotros. Él hace el tiempo para asegurarse de que cada pequeña muestra de descontento de nuestra parte quede registrada para que no lo podamos acusar de negligente.

Por lo tanto, si Él puede soportar, nosotros también. Nuestra recompensa será mayor que si nos rendimos.

Bienaventurado el varón que soporta la tentación; porque cuando haya resistido la prueba, recibirá la corona de vida, que Dios ha prometido a los que le aman.

(Santiago 1:12)

Capítulo 6
SE BUSCA: MUERTO, NO VIVO

Porque para mí el vivir es Cristo, y el morir es ganancia.
(Filipenses 1:21)

De cierto, de cierto os digo, que si el grano de trigo no cae en la tierra y muere, queda solo; pero si muere, lleva mucho fruto.
(Juan 12:24)

Estamos tan fascinados por la vida que no hace falta ni decirlo. Tratamos de evitar la muerte y todo lo que tenga que ver con ella como las plagas. Para muchos es mejor dejar en paz los misterios e incertidumbres de la muerte y aunque la ven a su alrededor prefieren creer que nunca vendrá a tocar sus puertas. Recuerdo un amigo que contaba lo ocurrido en la operación de su padre. En realidad, su padre murió seis veces en la mesa de operaciones al detenérsele el corazón. A pesar de eso, los médicos fueron capaces de resucitarlo y traerlo de vuelta a la vida. ¿Qué clase de vitalidad y deseos de vivir hace que un hombre luche tan tenazmente contra la muerte?

Creo que debido a que vemos la muerte como lo último en nuestras vidas es que la aceptamos de mala gana. Cuando la muerte llega no estamos preparados para ella. A veces es agobiante el sentimiento de vacío. La cantidad de emociones que sentimos son incontables. La ira, amargura, confusión, miedo, ansiedad e incluso culpa nos rondan, llegando a jugar con nuestra mente.

UN ESTILO DE VIDA JUDÍO

¿Pudiera ser que tomáramos nuestra opinión negativa de la muerte, esa amarga píldora que debemos tragar, de los propios judíos? En los tiempos del Antiguo Testamento cuando alguien moría no era embalsamado y por eso obviamente eran enterrados al día siguiente. Sé que esto no es algo común en los Estados Unidos actualmente, pero de donde vienen mis ancestros en México todavía se practica. Los hebreos contrataban lloronas profesionales, las cuales por los siete días siguientes lloraban por una persona que nunca conocieron.

Se formó un gran alboroto por un grupo de personas a las cuales se les pagó una importante suma para que, bulliciosamente, esparcieran la voz de que alguien había muerto.

Si ellos eran capaces de crear una atmósfera de dolor alrededor del resto de la familia que se había reunido y que pareciera que había sucedido de forma natural, entonces habrían cumplido con su trabajo.

La persona que había muerto era enterrada envuelta en un manto sencillo sin bolsillos. La creencia judía decía que las riquezas creadas en vida no se la podían llevar con ellos a la eternidad, por lo tanto, sin bolsillos. A aquellos que quedaban vivos y lloraban la muerte de su ser querido se les echaba arena en los zapatos para que su caminar fuera algo incómodo. El estar de luto por un familiar muerto no era el momento de estar andando por la ciudad sin motivo. Los judíos se querían asegurar de que ellos sufrieran durante este tiempo.

Por lo tanto no es una sorpresa que en los asuntos espirituales veamos la muerte de forma similar. El poder de resurrección de la carne es sorprendente. No quiere morir.

Nuestra naturaleza carnal es tan persistente, impetuosa, tan determinada a hacernos creer que su muerte sería un gran error.

Al rendirnos ante el Espíritu y morir nuestra carne, no hacemos más que renunciar a los placeres, alegrías y diversiones que la vida tiene para ofrecer. Por otro lado, el apóstol Pablo vio la muerte de una forma distinta, no solo física, sino también espiritualmente.

> *Por lo cual, por amor a Cristo me gozo en las debilidades, en afrentas, en necesidades, en persecuciones, en angustias; porque cuando soy débil, entonces soy fuerte.*
> (2 Corintios 12:10)

Él podía decir esto con toda propiedad porque él comprendió en donde radicaba su fortaleza. Las situaciones difíciles nunca lo asustaron, ni tampoco desistió de ellas porque el poder y la unción de Dios lo tenían protegido siempre.

Las situaciones más complicadas, los naufragios, apedreamientos, ser mordido por serpientes, etc., no lo convencieron de desistir en su guerra. Lo que él no pudiera conseguir por él mismo, sería hecho por el poder del Espíritu de Dios.

El Señor sabía cómo compensar la diferencia cuando Pablo flaqueaba. La muerte de la carne era un esfuerzo diario. Pablo estaba consciente de que si se olvidaba de los asuntos espirituales iba a ser derrotado por la carne.

Sus palabras son algo modestas si tiene en cuenta que él era visto como el más grande de los apóstoles. Aun así, él confesaba honestamente que continuaba luchando contra su carne.

UNA BATALLA QUE NUNCA SE GANA

Y yo sé que en mí, esto es, en mi carne, no mora el bien; porque el querer el bien está en mí, pero no el hacerlo. Porque no hago el bien que quiero, sino el mal que no quiero, eso hago. Y si hago lo que no quiero, ya no lo hago yo, sino el pecado que mora en mí. Así que, queriendo yo hacer el bien, hallo esta ley: que el mal está en mí.

(Romanos 7:18-21)

Ahora bien, no hace falta decir que morir a nuestra carne es primordial para el éxito de nuestro camino con Dios. Vamos a ver algunas características de un hombre muerto, física y espiritualmente, que nos ayudarán a vivir nuestras vidas adecuadamente.

En la naturaleza, un hombre muerto no está consciente de su alrededor. Él no conoce y no le afectan las circunstancias, por lo tanto no le es posible reaccionar a puntos de vista contrarios. ¿Cuántas veces han visto en un funeral a un hombre muerto reaccionar cuando una mujer bella ha ido a presentar sus condolencias? Yo nunca he visto a uno que saque su cabeza del ataúd para admirar a esa belleza que acaba de pasarle por el lado. ¿Por qué? ¡Está muerto! Simplemente, no es posible que lo haga. Usted puede golpear, escupir e incluso hacerle muecas a ese mismo hombre y él no va a reaccionar. Es así de simple, los muertos están ajenos a todo lo que sucede a su alrededor.

UN HOMBRE EN UNA MISIÓN

Juan el Bautista entendió este concepto y lo aplicó en su ministerio. El hombre que había sido escogido para preparar el camino para el Mesías fue completamente malinterpretado. Recibía burlas constantemente por su estilo de vida humilde, el cual consistía en lo elemental, porque decía que la naturaleza era su hogar.

Claro, él nunca estaría en la lista de los 10 mejores vestidos porque su apariencia de poca calidad y su vestimenta de pelo de camello no eran consideradas de moda en aquel tiempo. Se mofaban de su estilo culinario, el cual se resumía en los nada sabrosos saltamontes y miel. El asunto era que Juan fue enviado por Dios. Nunca le prestó atención a los que se burlaban de él porque tenía una sola cosa en mente.

Una y otra vez él repetía la única misión para la cual fue creado: Yo soy la:

Voz del que clama en el desierto: Preparad el camino del Señor; Enderezad sus sendas.
(Lucas 3:4)

Su pasión era cumplir la Escritura que se refería a él y nadie lo iba a detener. El efecto que había tenido en su ministerio la muerte a su carne y al mundo era muy poderoso. La autoridad en las palabras que decía hacía que los demás pasaran por alto su extraña forma de vestirse. El efecto de sus palabras hacía que las personas fueran a buscarlo en el desierto. Él no se pudo alejar lo suficiente de ellos para que dejaran de arriesgarse a soportar los elementos y el peligro que conllevaba salir de las ciudades amuralladas. Ellos sabían donde encontrarlo y estaban dispuestos a pagar el precio por escuchar a este hombre de Dios. Cuando se vio encerrado en la cárcel de la ciudad no perdió oportunidad, continuó ministrando como de costumbre. Fue entonces, mientras se debilitaba en su celda, cuando envió a sus discípulos a averiguar por Jesús. Ellos también habían escuchado acerca de un predicador consagrado que había salido del desierto predicando en el poder del Espíritu y querían saber si Él era el que era. La respuesta de Jesús a la pregunta fue suficiente:

Y respondiendo Jesús, les dijo: Id, haced saber a Juan lo que habéis visto y oído: los ciegos ven, los cojos andan, los leprosos son limpiados, los sordos oyen, los muertos son resucitados, y a los pobres es anunciado el evangelio; y bienaventurado es aquel que no halle tropiezo en mí.
(Lucas 7:22-23)

CUANDO POR FIN MUERE LA CARNE

Nuestra preocupación sobre lo que los demás piensan de nosotros ha frenado nuestro crecimiento. Nos quejamos de nuestra separación del mundo, pero no es la separación lo que nos caracteriza.

Más bien es el hecho de que somos tan parecidos a ellos lo que no los deja dar el salto hacia nuestra parte.

El problema real es este: no estamos completamente muertos en la carne o en el mundo y se nota.

Lo que sucederá cuando hayamos muerto de verdad será esto: el poder en nuestras palabras será tan grande que hará a los demás pasar por alto nuestras deficiencias. Mirarán más allá para encontrar donde nos estamos reuniendo, con insistencia para ver si esta es la iglesia verdadera que ellos tanto han buscado. Nuestra respuesta hacia ellos será parecida a la que Jesús le dio a los discípulos de Juan: *"Id y haced saber lo que habéis visto y oído: los ciegos ven, los cojos andan, los leprosos son limpiados, los sordos oyen, los muertos son resucitados, y a los pobres es anunciado el evangelio."* No podremos contener las masas con esta forma de consagración notándose abiertamente.

Una mujer ciega entró a un servicio Pentecostal un domingo en la mañana. Su esperanza era que Dios hiciera el milagro de sanar sus ojos. Ella no sabía que los domingos en la mañana normalmente no sucede nada fuera de lo normal. El predicador esa mañana estaba alentando a todos a creer que para Dios no hay nada imposible.

Durante el llamado al altar la mujer ciega tomó la palabra del Pastor y le pidió que orara por ella que pudiera ver. Mayor fue la sorpresa del Pastor cuando hizo esa oración de fe esa mañana, el Señor milagrosamente sanó a la mujer ciega. Por supuesto, la respuesta de la congregación fue positiva y después del servicio la felicitaron uno por uno. Al acercarse a la calle donde vivía ella le pidió al esposo algo muy extraño.

"Déjame manejar," dijo la mujer.

El esposo, sabiendo que ella no tenía licencia de conducir, contestó sorprendido. "¡No tienes licencia de conducir y tampoco sabes hacerlo!"

Ella insistió, "Déjame manejar despacio por la calle y llegar a nuestra entrada, eso es todo."

Cuando cambiaron de asiento y se hubo sentado detrás del volante ella se puso muy, muy feliz.

Puso la palanca en "manejar" y fue por toda su calle como una profesional. Sonaba la bocina alocadamente y saludaba a todo el que la veía manejando, por supuesto llamó la atención de los vecinos.

"¿No es esa la ciega que vive al final de la calle?" Seguro que era la misma mujer, pero ya no estaba ciega. Cuando finalmente hubo parqueado el carro, una multitud de personas estaban alrededor de ella preguntando qué había pasado.

Ella dijo emocionada: "Tienen que venir conmigo a esta iglesia que fui esta mañana. Ellos realmente practican lo que predican. Cuando él oró por mi todo fue tan sencillo. El predicador dijo, en el nombre de Jesús sé sanada, y mis ojos se abrieron. Estoy ansiosa por ir la semana que viene a ver qué pasará."

Sin duda alguna, la semana siguiente ella llevó varios vecinos y llenaron algunas bancas que la semana anterior estaban vacías. Eso es lo que pasa cuando las personas mueren al yo y permiten al Espíritu del Señor actuar de la forma que Él quiere hacerlo.

FE COMO UN NIÑO

La segunda característica de un hombre muerto es la fe de un niño. (Ver capítulo 3 para más detalles) La audacia de esta fe es como la de un niño, no es infantil, es una fe que cree todo. Nada está fuera del alcance y cuando recibe una tarea no se queja, protesta, discute u opone. Pone su fe en acción y la deja fluir. Esta es la clase de fe que se necesitaba cuando Noé recibió las instrucciones de construir un arca del tamaño de tres canchas de fútbol. Construir un barco normal hubiera reducido la imaginación de Noé porque él no era un constructor de barcos de profesión. Solamente reunir los materiales iba a ser una gran tarea, eso sin mencionar que tendría que construir el barco él mismo. Las instrucciones eran construir un barco tan grande que nadie en la historia se le pudiera acercar.

No había ningún caudal de agua considerable cerca del lugar de construcción y más nadie que su pequeña familia para ocupar el gran barco. Solo le quedaba confiar en que una vez dentro del arca Dios derramaría abundante agua desde el Cielo (por ejemplo, lluvia) para hacer flotar esta inmensa nave. Entonces las aguas continuaron subiendo a niveles tan altos que ahogaron a aquellos que no quisieron entrar en el arca con Noé. Si hubiera habido algo de lógica en el momento de tomar la decisión, esta hubiera sacudido la tonta idea de su cabeza y lo hubiera llevado de vuelta a sus sentidos.

Este era el mensaje de condena que Noé tenía que predicar mientras no estuviera construyendo el arca. Si alguna vez hubo alguna tarea que pareciera loca, era esta. En el mejor de los casos hubiera sido una venta difícil. Solo un hombre con la fe de un niño hubiera podido aceptar este reto sin siquiera pestañear. Durante 120 años no se apartó del rhema que había escuchado. Aunque se convirtió en una vergüenza para todos los que lo conocían, incluso para él mismo, él moría diariamente y se mantuvo fiel a su llamado. Él no permitiría que la adversidad fuera la causa de darle la espalda a Dios. Así no es como Sansón hubiera reaccionado. Hacer esta clase de sacrificio diariamente no era algo que le gustara a este fuerte hombre ungido. Viviendo el momento y disfrutando cada minuto de él, así vivió su vida, en un total abandono. Su vida fue errática e inconsistente, una vida que confiaba en los dones celestiales que le había dado y no en su dedicación a Dios. Su vida de oración dejaba mucho que desear. Usaba la oración y la dejaba de usar cuando le apetecía y era un maestro de la manipulación. Es triste decirlo, pero se burlaron de su Dios por su vida de contradicciones. Su miserable fin no justifica los medios para una vida que tristemente había tomado el camino equivocado.

Al final, somos más los que vamos a guiar nuestras vidas por los ejemplos de Sansón que por los de Noé. Como un perro de pelea nos aferramos a la lucha hasta el final. Morir no está en nuestra naturaleza, pero si dejamos de pelear Dios puede tomar el control de nuestra vida para que seamos bendecidos más de lo que imaginamos.

DEJANDO DE PELEAR

Un niño que se ahogaba luchaba en el agua. En la orilla estaba su madre, aterrorizada, en agonía y amargura. A su lado estaba un hombre fuerte, aparentemente indiferente a lo que le pudiera pasar al niño. Una y otra vez la madre le suplicaba que salvara a su niño, pero él no se movía. Poco a poco los desesperados movimientos del niño comenzaron a disminuir. Estaba perdiendo fuerza y por consiguiente la batalla. Finalmente no pudo más, débil e indefenso, comenzó a hundirse. De pronto el hombre dio un salto, entró al lago y trajo al niño sano y salvo a la orilla.

"¿Por qué no salvó a mi niño antes?" preguntó la agradecida madre.

"Señora, no podía mientras él estuviera luchando. Él nos hubiera hundido a los dos y hubiéramos muerto. Pero cuando estaba débil y dejó de luchar, entonces era fácil salvarlo."

Cuando dejamos nuestros propios esfuerzos y dependemos totalmente de Dios es cuando nos damos cuenta que fácil es para Él salvarnos, sin ninguna ayuda nuestra.

Ese es el momento en el que dejamos de luchar y morimos en nuestra carne y en el mundo. Necesitamos seguir la guía de nuestros amigos judíos. En el momento de la muerte ellos eran cubiertos con simple manto, sin los beneficios de unos bolsillos. Seríamos sabios si hacemos lo mismo. Llegar ante Su presencia con un manto sin bolsillos, uno que esté vacío de excusas, miedos y dudas. Sin reservas sobre morir en nuestra carne, entonces nos encontraremos en Sus brazos amorosos, gozando de Su gloria. Por esta razón y más ninguna, Dios nos quiere ¡MUERTOS, NO VIVOS!

Capítulo 7
ENVIADO POR DIOS

Dicho esto, escupió en tierra, e hizo lodo con la saliva, y untó con el lodo los ojos del ciego, y le dijo: Ve a lavarte en el estanque de Siloé (que traducido es, Enviado). Fue entonces, y se lavó y regresó viendo.

(Juan 9:6-7)

Cuando Dios envía su palabra, se tiene que cumplir.

Así será mi palabra que sale de mi boca; no volverá a mi vacía, sino que hará lo que yo quiero, y será prosperada en aquello para que la envié.

(Isaías 55:11)

Una vez que la palabra sea dada por Dios, es nuestra responsabilidad recibirla (rhema) y seguirla por fe.

En su epístola, Santiago entra en detalles para explicar que la fe sin obras es muerta (Santiago 2:20). En el mejor de los casos, esta demostración de fe no es más que esperanza. Por lo tanto, cuando somos enviados por Dios hay confianza general en su palabra. Su mensaje para nosotros es la evidencia que necesitamos para arriesgarlo todo declarando de antemano las bendiciones de Él sin miedo a las repercusiones. Lo emocionante de todo esto es que la evidencia nunca miente. No hay razón para temerle a lo desconocido, para adentrarse en aguas profundas, para ir a donde ningún hombre ha ido antes; porque su palabra es tan fiable que la aceptan en el banco.

En su palabra encontramos incontables promesas de bendiciones tan grandes que a veces es increíble que el Dios del universo se preocupe tanto por nosotros. Sí lo hace. El salmista David explica esta idea en Salmos 103:2-5:

> *Bendice, alma mía, a Jehová, y no olvides ninguno de sus beneficios. Él es quien perdona todas tus iniquidades, el que sana todas tus dolencias; el que rescata del hoyo tu vida, el que te corona de favores y misericordias; el que sacia de bien tu boca de modo que te rejuvenezcas como el águila.*

Cualquiera en estando en su sano juicio mataría por obtener este paquete de beneficios. Está preparado desde el principio. No solo son perdonados tus pecados, además de eso cualquier enfermedad o dolencia que tengas puede ser sanada totalmente. Ya no irás al infierno derrotado, Él te dará un baño diario de ternura y tierna compasión. Si todo eso no es suficiente hay además completa satisfacción en Él.

No necesitamos a nadie más, todos nuestros deseos y necesidades son satisfechos en el seno de nuestro Señor. Finalmente somos rejuvenecidos como el águila, esto quiere decir que nuestra vida será larga. Cuando el águila tiene 100 años desecha todas sus plumas, siendo remplazadas por otras nuevas, así puede ser joven de nuevo. A través de su Espíritu, Dios nos rescata de nuestra decadencia y nos llena con alegría un vida nueva para que podamos volver a los días de nuestra juventud (Job 33:25). Entonces, si respondemos al llamado de Dios sometiéndonos a Su voluntad, siempre va a ser una situación gano-ganas.

LA FE DE UN HOMBRE CIEGO

El hombre ciego que Jesús conoce en Juan capítulo 9 es un hombre que ha sido rechazado totalmente por la sociedad.

Todos pensaban, incluso los discípulos, que su ceguera se debía a que alguien en su familia había pecado. Este hombre ciego también pudo ser un hijo ilegítimo pues era motivo de burlas frecuentes y el centro de todos los chistes. Nadie quería ser amigo de él porque serían mal mirados. Ustedes conocen el dicho: "dime con quién andas y te diré quien eres", ¿cierto? Pues bien, nadie quería andar con este pecador porque eso equivaldría a decir que ellos también estaban viviendo en pecado. Nadie quería ser relacionado con este transgresor de la ley, ni por error. Así que él vivía su vida solo, sin muchas esperanzas de que cambiara porque él mismo había empezando a creer que lo que la gente decía era verdad. ¿Cómo no creer estas mentiras cuando se las decían una y otra vez? Sus acciones no demostraban lo contrario pues él no hacía el intento de buscar su sanidad en el estanque de Bethesda (Juan 5:1-15). El paralítico al lado del estanque al menos tenía un rayo de optimismo al pensar que algún día él también sería sanado. Eso era evidente al estar todo el tiempo al lado del estanque esperando que un ángel del Señor descendiera del Cielo y moviera el agua. El hombre ciego había desistido de esa idea. En lo que a él se refería, él había nacido ciego e iba a morir ciego, así que probablemente ya se había acostumbrado a la idea y solo pedía limosnas para vivir. Pedir limosnas solo, era la confirmación de que la sentencia de Dios había descendido sobre él; solamente estaba aceptando su destino. Es triste tratar de ser amigo de alguien que ha perdido toda esperanza. El negativismo de ellos tiene una forma de irse colando en nuestra psiquis para derrumbarnos hasta el nivel de ellos y así poder compartir su desesperanza con todos.

En estas condiciones es que él se encuentra con Jesús. Antes de realizar cualquier tipo de milagros Jesús pone las cosas en orden. Juan escribe estas palabras en el capítulo 9 versículo tres: ..."*No es que pecó este, ni sus padres, sino para que las obras de Dios se manifiesten en él.*" En otras palabras, no importaba como habíamos llegado a esta situación, si no que Jesús tenía la solución.

El Señor quería que todos supieran, incluso sus discípulos, que no había ningún pecado involucrado en la ceguera de este hombre. Era necesaria hacer esta aclaración, porque en aquel tiempo era común pensar que todas las dificultades, fueran mentales, físicas, espirituales o financieras, eran resultado de un pecado que tuvo lugar alguna vez en la familia.

Es una maravillosa lección que debe ser aprendida, que no todas las dificultades son causadas por un pecado. Muchas veces esos que están en desgracia han sido llevados a la ruina total porque se les señala acusándolos. Dado que el problema en el cual estas personas se encuentran ha sido causado por un pecado en sus vidas, ellos son continuamente acosados hacia la censura y como resultado la desesperanza se instala en ellos. A través de sus palabras, Jesús quería aclarar el asunto y darlo por terminado.

No quería que fuera de otra manera. La prioridad en este día era deshacer con su palabra lo que las palabras de la tradición habían hecho. Con la esperanza de que el Señor resucitara la fe de este hombre, Él comenzó a hacer muy particular. Escupió en la tierra, haciendo lodo con la saliva y untó los ojos del hombre ciego con el lodo. Lo que pasó a continuación fue incluso más extraño. Jesús le dijo que fuera al estanque de Siloé a lavarse los ojos y recibir su visión.

Regresemos un momento y vamos a ver qué hay de raro aquí. Hay muchas preguntas sin respuesta. Las banderas rojas siguen saliendo y la sirena sigue sonando. Varias cosas vienen a la mente.

1. ¿Cómo sabía el hombre ciego que esta mezcla improvisada de fango funcionaría, sabiendo que nadie había sido sanado de esta forma?

2. ¿Por qué Jesús envió a este hombre al estanque de Siloé cuando era en el de Bethesda donde los lisiados eran sanados?

3. ¿Cómo se suponía que llegara allá? Él era ciego y encima de eso Jesús no le dio ninguna explicación de cómo llegar.

4. ¿Sería bueno haberlo enviado en sábado? El sábado estaba destinado a ser día de reposo.

SILOÉ SIGNIFICA ENVIADO

El significado de la orden está en la palabra "Siloé." Siloé significa enviado. Si estás siendo enviado por Dios, con tu rhema específico a mano, puedes ser enviado al lugar equivocado, en el día equivocado, sin ninguna dirección, hacerlo de la forma incorrecta y aun así tener éxito. ¿Por qué? Porque tú has sido enviado por Dios. La encomienda de Él en tu vida anulará todas las leyes que se han hecho para cumplir. Haber sido enviado por Él es lo que hace la diferencia para que puedas soportar la andanada de burlones y escarnecedores que saldrán para poner a prueba tu fe.

"Eh, ciego, ¿a dónde vas con ese pegoste de fango en los ojos?"

"Estoy tratando de encontrar el estanque de Siloé."

"¿Y qué vas a hacer cuando llegues allí, viejo loco?"

"Voy a ser sanado."

"Eh, cabeza hueca, vas en la dirección incorrecta al estanque incorrecto. ¿Quién te dijo que hicieras esto?"

"Me lo dijo Jesús, el hijo de Dios."

"¿Hijo de qué? Aquí no hay ningún Dios diciéndote nada.

Probablemente sea algún loco aprovechándose de ti porque eres ciego. Vamos, compadre, despierta. Es sábado, no es día de estar clamando. No te va a ocurrir nada milagroso en el día de hoy, ¿no conoces la ley?
"Puede ser como dices, pero el hijo de Dios me envió y hoy voy a recibir la vista."
A pesar de todo el ridículo que este hombre ciego tuvo que soportar, su obediencia a la Palabra de Dios (su rhema) era suficientemente fuerte para hacerlo recobrar la visión. Creo que la contribución más grande de este hombre ciego al milagro fue el dejar fluir su fe. ¿Qué persona en su sano juicio le permitiría a un extraño poner en sus ojos lodo hecho de saliva, sabiendo que la repercusión de este hecho

encendería las críticas? La situación estaba a tal punto que él era el hazmerreír de Jerusalén, ¿qué más podría pasar? Cuando Dios envía Su palabra, Él entiende que muchos no la van a aceptar debido a su naturaleza necia.

> *Sino que lo necio del mundo escogió Dios, para avergonzar a los sabios; y lo débil del mundo y lo menospreciado escogió Dios, y lo que no es, para deshacer lo que es, a fin de que nadie se jacte en su presencia.*
> (1 Corintios 1:27-29)

Nunca debes criticar las decisiones que Dios toma. Una vez que Él decide llamar a alguien, sea considerado débil o bajo, para cumplir Su voluntad nunca se retractará de esa decisión. Esa persona puede ser la más despreciada en la faz de la tierra y eso no importa, porque lo que sea que le falte será suplido por la gracia de Dios.

RESULTADOS ASOMBROSOS

A pesar de todas las cosas que este hombre ciego no era, Dios creía que este vaso escogido se convertiría en un vaso de honor para la gloria de Dios. Miren los resultados al dejar libre su fe. Cuando finalmente encontró el camino hacia el estanque de Siloé y se lavó los ojos como se le indicó, el milagro que él tanto había deseado se consumó gloriosamente justo como Jesús le había dicho. ¡Pero, espera! Fue más glorioso de lo que él había podido imaginar. Al momento de recibir la vista no hubo necesidad de ajustar sus ojos a la luz.

Nunca había escuchado eso. ¿Cuántas veces has entrado al cuarto oscuro de tu hijo adolescente en pleno mediodía, solo para darte cuenta que sigue dormido? Cualquier madre americana de sangre activa sabe como remediar eso, abriendo las cortinas que hacen que el cuarto se vea oscuro, por supuesto. La luz lo ciega al entrar por las ventanas hasta el punto que escuchas chillidos de: "mamá, basta." La luz es demasiada para sus ojos, cegándolo momentáneamente hasta que tiene la oportunidad de poco a poco ir adaptándose. Bueno, pues eso no le sucedió al hombre ciego. Él estaba viendo por primera vez en su vida, y aun así él reaccionó como si hubiera visto desde el primer día que nació. La transición de estar ciego a poder ver un mundo lleno de todos los colores fue bastante buena. Aunque todo era nuevo, en realidad nada lo era debido a la perfección de esta oración contestada.

La liberación de nuestra fe puede traer resultados parecidos, así de asombrosos. El Señor tiene la habilidad de borrar tus dolencias, pérdidas, ansiedades y todos los malos recuerdos del pasado como si nunca hubieran ocurrido. Esto es posible incluso si eres el culpable. Una vez que eres escogido y luego enviado Dios se encargará del resto.

LIBERANDO SU FE

Ministré a una joven embarazada mientras yo estaba de visita en su iglesia por primera vez. En el momento que la llamé de su asiento hacia el pasillo pude ver que estaba muy nerviosa. Comencé a preguntarle al Señor la razón para que ella estuviera tan nerviosa. Él dijo que ella estaba muy preocupada por la salud de su bebé, que tenía miedo a que por juicio de Dios su bebé fuera nacer deforme. Aunque el Señor la había perdonado por su falta pasada Satanás continuaba atormentándola y estaba ganando. Debido a que esta era una situación delicada, decidí darle a ella el mensaje que Dios me había dado en su oído.

Más o menos dije esto, que Dios no solamente la había perdonado y lo había cubierto con Su sangre, sino que también iba a dar a luz un bebé normal sin ningún defecto.

Bruscamente detuve mi mensaje y di un par de pasos hacia atrás. Un espíritu de atrevimiento vino sobre mí y comencé a examinar la congregación. Con voz de advertencia apunté mi dedo hacia ellos y dije: "Aquellos de ustedes que han juzgado y condenado a esta joven con la severidad y dureza que tienen, ¡tengan cuidado! Si continúan con esta injusticia, el juicio que desean que caiga sobre ella caerá sobre ustedes." Entonces oré por ella para que Dios le diera los recursos para continuar. Pude sentir que vino paz sobre ella y entonces se sentó.

Un par de semanas después me enteré que esta joven era ciertamente la hija del pastor. Para ella era una batalla cuesta arriba hasta que el bebé naciera, pero la gracia de Dios era suficiente para ella. Recuerdo que ella me contó que mientras estaba de parto el Señor trajo a su mente mis palabras y Su promesa. Eso fue suficiente para que diera a luz a una hermosa niña para el honor y gloria de Dios. Después de aquello, cuando la veo en la plataforma ministrando como una de las cantantes de alabanzas, no puedo dejar de pensar que el Señor había borrado todas sus dolencias del pasado. Esto es algo que Dios está dispuesto a hacer si nosotros también ponemos nuestra fe a trabajar.

Mientras vamos resumiendo este capítulo, analizando nuevamente la fe de este hombre ciego que no esperaba nada, lo que no podemos olvidar en este increíble milagro es el hecho de que el Señor lo hizo mientras pasaba por allí. Sanar a un hombre ciego no estaba necesariamente incluido en su plan del día como tal, pero como la oportunidad se dio el Señor estaba más que dispuesto a complacer. Dios se tomó el tiempo de primeramente escoger a este hombre ciego y todas sus incapacidades. Entonces lo envió con su palabra, la cual era suficiente para producir un milagro.

Es simplemente alucinante lo que el Señor puede hacer a su antojo. Usted puede usar cualquier adjetivo y encajará.

Nuestro Dios es simplemente increíble, fantástico, inimaginable, inconcebible, asombroso, alucinante, fabuloso, extraordinario, y así sucesivamente. ¿Necesito decir más? Pues lo haré. Él provee para nosotros, no solo sin reservas, sino también con perfección, sin efectos secundarios con una voluntad más allá de lo conocido. Si creemos sinceramente que hemos sido enviados por Dios, entonces y solo entonces se cumplirá Su palabra.

MUDÁNDONOS HACIA TEXAS

En marzo del año pasado, 2009, mi esposa y yo decidimos mudarnos hacia el estado de Texas. Ambos habíamos vivido toda nuestra vida en California, así que mudarnos para el estado de la Estrella Solitaria era un gran paso. Nuestras raíces estaban tan profundamente arraigadas en California que mudarnos era como si nos amputaran el brazo derecho. Toda nuestra familia y amigos vivían en California. Vivíamos en el Sur de California en un área indiscutiblemente ideal. Estábamos localizados en el centro de todas las atracciones que el Estado Dorado ofrece. El estadio de los Dodgers estaba a 40 minutos, al igual que el Memorial Coliseum que es la casa de los Trojans de USC. El Staples Center, hogar de los campeones mundiales Los Angeles Lakers, estaba cerca por la autopista, esto sin mencionar el Pantry Restaurant, solo a unas cuadras de distancia, donde puedes comprar el mejor desayuno del mundo las 24 horas del día. Podías llegar a la playa en menos de una hora y a las montañas copadas de nieve de Big Bear en un viaje de dos horas. Si te sentías un poco atrevido, pues manejabas tres horas y llegabas a la frontera con México, donde hacer compras era siempre una aventura. Todas y cada una de las cosas que la vida te puede ofrecer estaban accesibles para nosotros y en abundancia.

Así que tuvimos un poco de temor cuando recibimos el

llamado de Dios diciendo que Texas sería nuestro próximo hogar. Habían circunstancias atenuantes que hacían esta decisión un poco más fácil, pero al final iba a ser muy, muy difícil irnos de California. Si no hubiera sido por el hecho que mi ministerio estaba decayendo, lentamente pero decayendo, nunca hubiera pensado en esta posibilidad. No importaba que tanto me esforzara, los pastores estaban siendo recelosos con cualquier ministerio de señales y milagros que no pudieran entender. Además de esto, las ventas de bienes raíces habían caído en picada y mi esposa no estaba ganando dinero. Estaba completamente frustrada por las nuevas reglas que hacían casi imposible obtener un préstamo. Con todo esto en mente, lo único que nos quedaba a lo cual nos pudiéramos aferrar y tener confianza era el saber que estaba siendo enviado por Dios.

Cuando llegamos a Texas no había familia ni amigos que nos recibieran. No había un ambiente familiar para calmarnos. Todo era nuevo y asustadizo, pero yo estaba siendo enviado por Dios. Ya ha pasado un año desde que nos mudamos y decir que esta decisión fue la más grande que nos pudo pasar sería poco. He conocido personas con influencias, las cuales han abierto puertas a un ministerio que casi muere en California. Ahora he comenzado a hacer viajes internacionales hacia Centro y Sur América. Mi unción se a vuelto mas fuerte, tanto es que no puedo recordar en el pasado un mover de Dios en mi tan poderoso. Mi ministerio atiende las iglesias pequeñas y aquellas con 100 miembros o menos. Desde Marzo del 2009 hasta Febrero de 2010 el Señor ha llenado a 1,127 personas con el bautismo del Espíritu Santo y ha sanado a 905. Las sanidades han incluido personas que estaban ciegas, sordas y paralíticas, junto con aquellos que sufrían enfermedades como el cáncer, fibromialgia, artritis, diabetes, presión alta y cosas por el estilo.

Este soberano movimiento de Dios solo podía ser la confirmación de que yo había sido enviado por Él. Su palabra fue suficiente para llevarme a un lugar en Él en el cual nunca había estado antes. Lo que asusta de esto es que continúa creciendo y parece ser que el cielo es el límite. Ahora recuerdo una profecía que recibí en California justo antes de mudarnos. El joven que estaba profetizando, a mi entender, estaba presumiendo. Él quería hacerme saber que su ministerio era tan potente como el mío, así que yo no prestaba mucha atención a sus palabras. Sus palabras expresaban que mi ministerio estaba a punto de llegar a una nueva dimensión, una que incluía señales y milagros que serían realizados en tierras lejanas. Mientras reflexiono en la dirección hacia la cual Dios está me está llevando este nuevo año, comienzo a darme cuenta que aquellas palabras están más y más cerca de convertirse una realidad. Esto fue posible porque fui enviado por Dios.

Así será mi palabra que sale de mi boca; no volverá a mí vacía, sino que hará lo que yo quiero, y será prosperada en aquello para que la envié.

(Isaías 55:11)

Yo he sido enviado por Dios, ¿y tú?

Capítulo 8
PARADOJAS

Porque todo el que quiera salvar su vida, la perderá; y todo el que pierda su vida por causa de mí y del evangelio, la salvará

(Marcos 8:35)

Una vida de fe está llena de paradojas. Para salvar tu vida en Dios debes perderla, y el camino para subir es bajando. Para gobernar en el reino de Dios debes estar dispuesto a servir; y para ser considerado el primero entre los hermanos debes ser el último. Es una vida que no tiene ni rima ni razón. Ciertamente, es una vida que nunca puede ser descifrada. Creo que para entender mejor lo que es una paradoja es prudente tomarla y definirla con claridad. Según el diccionario **Webster's** una paradoja es una declaración que es aparentemente contradicción. Se expresa en una manera opuesta a lo que es lógico o esperado. La definición también incluye a oponerse al sentido común y, sin embargo es tal vez cierto. Si hay una situación a la cual la definición de paradoja mejor se aplica, es sin dudas a la vida de un cristiano.

Las paradojas son esenciales para escuchar la voz de Dios. La lógica y el razonamiento son la causa de la estática que no nos permite escuchar las instrucciones de Dios claramente. La falta de claridad nos lleva a la duda y la duda, incredulidad.

> *Mirad, hermanos, que no haya en ninguno de vosotros corazón malo de incredulidad para apartarse del Dios vivo; antes exhortaos los unos a los otros cada día, entre tanto que se dice: Hoy; para que ninguno de vosotros se endurezca por el engaño del pecado. ...entre tanto que se dice: Si oyereis hoy su voz, no endurezcáis vuestros corazones, como en la provocación.*
> (Hebreos 3:12-13,15)

ISRAEL VAGA SIN RUMBO

La incredulidad es el resultado de un corazón endurecido. Es exactamente lo que le pasó a Israel cuando vagaban sin rumbo en el desierto. Vivir para Dios por fe era mucho esfuerzo para ellos y el misterio de la fe nunca fue aceptado. Constantemente se sentían insultados por el liderazgo de Moisés y la desaprobación llevó al desacuerdo, y este a la incredulidad. Sus corazones endurecidos por la incredulidad no les permitirían entrar en la Tierra Prometida.

> *Y vemos que no pudieron entrar a causa de incredulidad.*
> (Hebreos 3:19)

Paradojas

Para serles sinceros, Moisés estaba a solo un paso de volver a caer. Él también era tan incapaz como el pueblo de entender este concepto, porque para él, vivir por fe también era algo nuevo. Cuando fue llamado por Dios nuevamente a la edad de 80 años, el Señor lo encontró cuidando ovejas en el desierto.

Su resume incluía el haber escapado de su primer llamado al huir de Egipto siendo catalogado como asesino y cobarde. Se pasó dos tercios de su vida espiritualmente apartado de la voluntad de Dios.

Su estado mental no lo ayudaba para nada. ¿Por qué? Había huido, hacía 40 años atrás, de liderar a Israel en su salida de Egipto y en su mente era muy tarde ya para volverlo a intentar.

Estoy seguro que sus pensamientos estaban más inclinados al retiro que a liderar una nación en la salida de su cautiverio.

La experiencia de la zarza ardiente empezó a decir mucho en su vida, pues eso también era un tipo de paradoja. Esa zarza con la cual se encontró continuaba ardiendo constantemente pero no se consumía. Comenzó a creer que era una cosa de Dios y aunque Dios no le había hablado durante los últimos 40 años esto parecía venir de Él. Realmente no había explicación lógica, así que tenía que ser Dios. Al acercarse a la zarza y Dios comenzar a hablarle eso permitió que liberara su fe. Con esta nueva convicción él podía creerle a Dios en este nuevo llamado que para cualquier otra persona podría parecer descabellado.

Porque irrevocables son los dones y el llamamiento de Dios.
                                        (Romanos 11:29)

El llamado de Dios es irrevocable. Nunca expira y no se puede cancelar, hacer caso omiso de Él, no pasa desapercibido ni se puede pasar por alto. Hemos sido destinados para la grandeza y eso no se puede deshacer, no importa quien te haya dicho lo contrario. La palabra de Dios es nuestra evidencia, una que no miente, y podemos estar plenamente confiados en que Dios nos cubre las espaldas, sin importar lo que otros digan. Cuando nuestro ministerio y/o carácter son puestos a prueba, una verdadera prueba de fuego, arderán mucho más fuerte pero no se quemarán y Dios recibirá toda la gloria.

LAS PARADOJAS SIGUEN EN LA VIDA DE MOISÉS

Ahora Moisés estaba listo para avanzar a un nuevo nivel de paradojas. Se le dio órdenes de llevar a Israel fuera del cautiverio con más nada que fracaso en sus manos.

Dios le había advertido que el Faraón no respondería a la voz de Dios, no obstante él debía soportar esta vergüenza sin importarle. Moisés siguió las órdenes de Dios al pie de la letra, pero todo fue en vano. Posiblemente Moisés pensó que cuando Dios liberara Su gloria, eso bastaría para ablandar el corazón del Faraón. Las señales y milagros que el Señor mostraría seguramente iban a convencer al Faraón de que Jehová era el Dios del universo y que Su pueblo debía ser liberado para adorar a este Dios todopoderoso.

Para su sorpresa, esto solo empeoró las cosas. No una, ni dos, sino nueve veces. No fue hasta que el Faraón perdió su hijo que finalmente se llamó a conciencia y permitió a Moisés llevar el pueblo de Dios fuera de Egipto.

Si has vivido en Dios lo suficiente, algo similar a esto te pasará. Sabrás de antemano que tu misión fracasará, serás el hazmerreír de aquellos involucrados y sin dudas te llamarán "insensato".

Nosotros somos insensatos por amor de Cristo, mas vosotros prudentes en Cristo; nosotros débiles, mas vosotros fuertes; vosotros honorables, mas nosotros despreciados. Hasta esta hora padecemos hambre, tenemos sed, estamos desnudos, somos abofeteados, y no tenemos morada fija. Nos fatigamos trabajando con nuestras propias manos; nos maldicen, y bendecimos; padecemos persecución, y la soportamos. Nos difaman, y rogamos; hemos venido a ser hasta ahora como la escoria del mundo, el desecho de todos.

(1 Corintios 4:10-13)

Somos insensatos por cuenta de Cristo. Como Moisés, estamos abandonados a nuestra suerte. Nuestra insensatez está expuesta ante los ojos del mundo y se burlan de nosotros. Sin tener donde apoyarnos, sin poder defendernos, nos alejamos totalmente devastados y avergonzados.

UNA VERGÜENZA TOTAL

Por aproximadamente 10 años he estado predicando por todos los Estados Unidos sobre un testimonio que nunca se cumplió. Este poderoso testimonio tuvo lugar en las etapas iniciales de mi entrenamiento en señales y milagros. Recuerdo que en aquellos años tenía mucho miedo de depender de la fe por lo cual trataba de no arriesgarme mucho. Debido a que el Señor sabía que yo estaba bastante satisfecho con dar pequeños pasos de fe, con Sus instrucciones venían varias confirmaciones para que me sintiera cómodo haciendo lo que Él había pedido. Esta situación incluyó una mujer (la esposa del director de jóvenes) que no había podido salir embarazada en 10 años de matrimonio. Al llegar el fin de semana al campamento de jóvenes al cual me habían invitado, yo estaba muy emocionado porque la semana anterior había recibido una unción especial de Dios. Es algo difícil de explicar, más allá del hecho de que cuando recibo una unción Dios hace cosas extraordinarias. Esta unción especial vino sobre mí de nuevo cuando saludé a la esposa del director de jóvenes el segundo día del campamento. Fue tan fuerte y potente que me dio pánico e inmediatamente llenó mi vida de miedo. Regresé a mi cabaña y comencé a orar por ayuda. Nunca había puesto mis manos sobre una persona con esta condición, no sabía qué hacer o como hacerlo. Durante todo el tiempo de oración Dios continuó asegurándome que si confiaba en Él, Él lo haría.

Cuando en la noche llegó el momento de ministrar la llamé. Con palabra de ciencia le aseguré que Dios le iba a dar una niña cuando ella y su esposo dejaran la posición de directores del distrito. Esto era una confirmación de una palabra recibida por ella dos semanas antes del campamento y era suficiente para confiar en Dios lo imposible. La profecía se convirtió aun más increíble cuando me acerqué a su esposo al terminar el servicio. Cuando él me mencionó una confirmación mayor me quedé completamente pasmado por sus palabras.

Él dijo que si después de la oración que se hizo aquella noche contábamos los días que faltaban para terminar su tiempo como director, quedaban exactamente nueve meses. En otras palabras, Dios los iba a bendecir a él y a su esposa con una niña en nueve meses. El problema es que la bebé nunca nació.

Para empeorar las cosas aun más, hablando con este hombre de Dios sobre el incidente un tiempo después, él no recordaba ninguno de los detalles de aquel fin de semana. En sus recuerdos, nada de las cosas que yo recuerdo fueron parte de la promesa. El tiempo había pasado, no hubo otra profecía dos semanas antes y por supuesto la bebé nunca nació. Hice todo lo correcto y aun así salió mal. Como resultado de la situación quedé como un tonto, totalmente humillado. En el pasado había escuchado hombres de Dios decir cosas grandemente exageradas detrás de un púlpito; pero mientras miraba atrás analizando esta experiencia, todo era muy específico, con muchas confirmaciones para haber sido inventado. Hasta el día de hoy, no lo puedo explicar, pero tampoco pondré excusas que me hagan quedar bien. Debo guardar esta experiencia en el archivo "Simplemente no sé qué paso".

> *Ahora vemos por espejo, oscuramente; mas entonces veremos cara a cara. Ahora conozco en parte; pero entonces conoceré como fui conocido.*
> (1 Corintios 13:12)

Hay muchas cosas que pasan en Dios que yo no entiendo y posiblemente nunca las entienda. No obstante hay una lección que aprendí desde bien temprano en mi ministerio. Es algo con lo que muchos hombres no se sientes cómodos, aun así es algo que hago constantemente. Si no sé la respuesta a una pregunta que me hacen, simplemente lo admito. Si se me da la oportunidad de investigar para buscar la respuesta, entonces haré todo lo posible por encontrarla, si no, no voy a inventar algo que me haga quedar bien.

LA PARADOJA MÁS TRISTE DE MOISÉS

Regresando a la vida de Moisés, hay una paradoja en su vida que no se puede definir de otra manera que *triste*. No se le permitió entrar en la Tierra Prometida. Parecería que fue metido en el mismo grupo de revoltosos que tampoco entrarían. Debido a todos sus esfuerzos al guiar a Israel fuera de Egipto este juicio de Dios no tiene sentido. ¿Y qué de los intensos encuentros cara a cara con el Faraón? ¿O la falta de confianza que Israel demostró hacia él a pesar de que Dios hizo señales y milagros durante todo el camino? No podemos olvidar las rebeliones diarias que lo hicieron pensar en dejar esta responsabilidad en las manos de otro. Finalmente, él tenía que luchar diariamente contra las dudas personales sobre sus habilidades como líder, porque este pueblo se quejaba por todo. Por un solo acto de desobediencia, Dios le prohibió entrar en aquel bendito descanso. Haciendo una retrospectiva a su vida, pareciera que todo el bien que había hecho se había deshecho. Este juicio parece ser extremadamente severo considerando que Dios perdonó a Israel una y otra vez.

Parecería razonable que Dios le quitara a Moisés un poco de carga, pero esta es la paradoja más confusa, una que nunca entenderemos del todo. Aunque al no dejar a Moisés entrar en la Tierra Prometida parece que lo estuviera tumbando del pedestal de los grandes líderes de Israel, hay una última paradoja en su vida que me gustaría considerar, la cual nos ayudará a entender por qué se le tiene en tan alta estima en el día de hoy, aun cuando su vida terminó fracasando. Es una paradoja que está algo escondida en el Antiguo Testamento, pero su aplicación es muy poderosa.

UNA PODEROSA PARADOJA ESCONDIDA PARA MUCHOS

Debemos regresar a su segundo llamado para sacar a Israel de Egipto hacia la Tierra Prometida. En primer lugar, su llamado para convertirse en el Mesías hebreo, por llamarlo de algún modo, nunca debió haber sucedido.

No tenía nada que ver con su avanzada edad o su falta de fe al primer llamado. Enterrado entre la multitud de normas, reglamentos y requisitos que definen la oficina de un sacerdote hebreo es algo en particular que descalifica a

Moisés desde el principio.

> *Y Jehová habló a Moisés, diciendo: habla a Aarón y dile: Ninguno de tus descendientes por sus generaciones, que tenga algún defecto, se acercará para ofrecer el pan de su Dios. Porque ningún varón en el cual haya defecto se acercará; varón ciego, o cojo, o mutilado, o sobrado, o varón que tenga quebrantadura de pie o rotura de mano, o jorobado, o enano, o que tenga nube en el ojo, o que tenga sarna, o empeine, o testículo magullado. Ningún varón de la descendencia del sacerdote Aarón, en el cual haya defecto, se acercará para ofrecer las ofrendas encendidas para Jehová. Hay defecto en él; no se acercara a ofrecer el pan de su Dios. Del pan de su Dios, de lo muy santo y de las santificadas, podrá comer. Pero no se acercará tras el velo, ni se acercará al altar, por cuanto hay defecto en él; para que no profane mi santuario, porque yo Jehová soy el que los santifico.* (Levítico 21:16-23)

Esta ley estipula que para ser elegible para convertirse en un sacerdote practicante no solo había que ser descendiente de la tribu de Leví, sino tampoco tener ningún defecto de algún tipo. Por lo tanto, el problema en el habla que tenía Moisés, el cual afectaba sus habilidades de comunicación, le prohibía ofrecer sacrificios, pero más que eso, le prohibía el acceso a la presencia de Dios más allá del velo en el templo. Alguien podría decir que esto es un punto debatible, pues Moisés era un profeta no un sacerdote. No obstante, en Su sabiduría, el Señor hizo el llamado a Moisés como profeta antes de que la ley lo descalificara como sacerdote. Aquí es donde una de las más poderosas paradojas en la vida de Moisés comienza a desenvolver. El Señor viajó al futuro para traer gracia de aquella generación trayéndola al tiempo del éxodo para que Moisés pudiera recibir su soberano llamado de Dios sin romper ninguna regla. Aunque él nunca podría calificar para sacerdote, un llamado más grande esperaba por él, dándole la gran oportunidad de su vida, la cual sería imposible bajo la ley.

Llegó a tal grandeza que incluso el fracaso en su final no pudo limitar que fuera percibido en las generaciones siguientes. ¿Cómo influye la vida personal de Moisés en nuestro andar diario con Dios? Nos ayuda a entender qué tan lejos está dispuesto a llegar Dios con tal de usar a alguien en Su reino. Este hombre miedoso, con problemas al hablar, que no impresionaba a nadie con sus habilidades con las personas, fue capaz de llamar la atención del Maestro para ser elegido para una de las más grandes tareas que pasarían a la historia del pueblo hebreo. Dios estaba dispuesto a usar un hombre ordinario que tartamudeaba, para lograr grandes hazañas que demostrarían de una vez y por todas que Jehová Dios era el único Dios del universo.

YO TAMBIÉN HUBIERA SIDO DESCALIFICADO

Yo por mi parte tengo una gran admiración por este manso hombre de Dios, porque yo también soy algo así como una paradoja, en más de una forma, en los círculos Pentecostales. Escribí en un capítulo anterior que el Señor me había dado la promesa de sanar mi debilitada pierna derecha. Han pasado varios años y aunque he sido obediente a Sus instrucciones para recibir mi sanidad mi espera en Él continúa. Aquí es donde comienza la paradoja, al yo intentar correr con esta pierna endeble. Mientras más corro, más se fortalece la pierna, lo cual tiene a los doctores totalmente desconcertados. Según su conocimiento y experiencias, la pierna debería debilitarse cada vez más, no fortalecerse.

En el período de tiempo que estoy corriendo llega el momento en que Dios permite que mi pierna funcione normalmente; algo que no puede ser confirmado por los médicos. Yo tampoco tengo una respuesta para esta maravilla médica, a parte del hecho de que correr es importante para mí y por lo tanto se ha hecho importante para Él. Algo que hace esta obra de Dios más extraña es que cuando termino de correr la pierna vuelve a debilitarse y paso trabajo para caminar normalmente. Imagínense.

Todo esto es algo más que peculiar porque habiendo recibido un llamado de Dios que incluye un ministerio de sanidades milagrosas pudiera, para muchos, parecer ridículo. ¿Cómo podría un hombre incapacitado por el polio tener la audacia de poner las manos sobre los enfermos, creyendo que Dios los sanará cuando Dios no ha contestado a sus propias necesidades? Mi mano derecha, la cual fue afectada por esta enfermedad de la niñez, está débil, endeble, frágil, sin fuerza y a veces sin vida. A pesar de todo, bajo la unción en el nombre de Jesús se convierte en un poderoso instrumento de sanidad.

Estoy completamente convencido del hecho de que si hubiera vivido en los tiempos del Antiguo Testamento mi incapacidad física me hubiera impedido tener la maravillosa relación que hoy tengo con mi Padre celestial. Si no fuera por Su gracia yo también hubiera estado limitado a ver Su majestad de lejos. Solo me sería posible escuchar de Él, pero nunca tendría la oportunidad de conocerlo. Por esto siempre estaré agradecido por la gracia de Dios.

Porque por gracia sois salvos por medio de la fe; y esto no de vosotros, pues es don de Dios; no por obras, para que nadie se gloríe.
(Efesios 2:8-9)

La gracia es en realidad la paradoja de todas las paradojas, una que nos da acceso total al trono de Dios sin merecerlo. No necesitamos preocuparnos por estar a determinada altura, porque la gracia que fue demostrada en El Calvario fue suficiente para reconciliar nuestras vidas con Dios. Es un don genuino que siempre nos ofrece, uno por el cual siempre estaremos agradecidos.

Capítulo 9
CUANDO LA COPA ESTÁ LLENA

Y a Aquel que es poderoso para hacer todas las cosas mucho más abundantemente de lo que pedimos o entendemos, según el poder que actúa en nosotros,

(Efesios 3:20)

Dios no está directamente en control de todo. Es una afirmación estremecedora, ¿no cree usted? Siempre nos han enseñado que Dios está al control, que el Maestro del universo tiene todo bajo control y que no necesitamos preocuparnos porque nada sucede sin que Él lo permita. Suena tan correcto que esta es la forma en la que debería ser, pero entonces ¿por qué hay desastres inexplicables que dejan destruidas a las familias? Si Dios está en total control, ¿por qué hay chicas que son violadas y abusadas sexualmente por seres queridos? Hay millones muriendo de hambre en este mundo, incluyendo a pequeños inocentes que no tienen nada que comer. ¿Un Dios que está al control permitiría este sufrimiento innecesario? Diariamente oímos noticias sobre crímenes que no han sido resueltos, disturbios raciales, sobrepoblación, carteles de drogas y cosas por el estilo. Y ahí vamos nosotros con nuestra vida alegre, creyendo que todo lo que no está bien en este mundo sucede por la voluntad perfecta de Dios.

Fervientemente citamos las promesas de Dios, las que nos protegen, las que cubren nuestras necesidades, nos sanan, defendiendo la posición de que no hay nada imposible para nuestro Dios. El centro de este asunto es este: las promesas de Dios no son automáticas, más bien condicionales.

Eso quiere decir que si hacemos nuestra parte, entonces Dios hará la de Él. Hay cierta responsabilidad que ha sido puesta sobre nosotros para disfrutar de las bendiciones que Dios tiene preparadas para nosotros y esa es la clave para ver la poderosa mano de Dios actuar en nuestras vidas. Es triste decirlo, pero cuando no cumplimos nuestra parte eso abre las puertas de la amargura lo cual lleva a la incredulidad.

LO QUE NOS OFENDE FÁCILMENTE

Que fácil nos ofendemos cuando nos dicen que nuestra incredulidad nos ha privado de recibir cosas de Dios, sin embargo la Escritura nos dice que si creemos y no dudamos, recibiremos (Mateo 17:20, Marcos 11:22). La ofensa continúa si nos dicen que nuestra incapacidad de mantenernos es lo que ha creado el vacío que tenemos en nuestra vida, aunque la Escritura nos dice que a través de la fe y la paciencia heredaremos nuestras promesas (Hebreos 6:12). Cuando no actuamos en una situación y nos causa el fracaso, eso nos irrita porque la Escritura nos señala con dedo acusador diciendo que si hubiéramos querido y obedecido, hubiéramos comido del bien de la tierra (Isaías 1:19). Las maldiciones que llegan a nuestra vida por no dar el diezmo no nos caen bien, aunque la Escritura es bastante clara al respecto (Malaquías 3:8-12). No perdonamos, pero esperamos que Dios escuche nuestras oraciones y las conteste (Marcos 11:25,26). No comemos sanamente, no hacemos ejercicios, abusamos de nuestros cuerpos y decimos que nuestra enfermedad es la voluntad de Dios. No educamos bien a nuestros hijos y nos ofendemos cuando la rebelión de ellos pudo ser nuestra culpa (Deuteronomio 6:7, Proverbios 22:6). Y la lista puede continuar.

Lo que no hemos considerado es que hemos sido hechos colaboradores junto con Él (2 Corintios 6:1). Tenemos una invitación especial a participar en el esplendor del Cielo porque Dios ha decidido que esto no sea trabajo de un solo hombre.

Él actúa según el poder en nosotros, lo cual nos debe animar sin límite. ¿Por qué? Porque el poder en nosotros no es más que el *dunamis (poder milagroso)* del Espíritu Santo. Ahora, voy a decir algo que va a causar reacciones positivas y negativas. *Cuando usted recibió el don del Espíritu Santo, usted recibió todo el poder que iba a recibir.* Aquellos de ustedes que entienden ese planteamiento probablemente estén dando saltos de alegría. Para aquellos de ustedes que no entienden lo que lo quiero decir, creyendo que el poder que ustedes poseen ahora no los puede salvar de un ataque del enemigo incluso si su vida dependiera de eso, denme un poco de tiempo para explicarlo. El problema no es que no hayas recibido poder suficiente para sobrellevar a las adversidades diarias de la vida; el problema radica en no soltar el poder que te ha dado. En un momento entraré en más detalles sobre soltar ese poder. No obstante, permítanme retroceder y ayudarle a entender que el poder de Dios se puede medir, al igual que la fe, la gracia, y el amor, tiene niveles en los cuales se puede medir.

JESÚS EN SU PEOR MOMENTO

Cuando Jesús decidió hacer una visita a Nazaret, la ciudad donde Él había sido criado, no fue recibido con los brazos abiertos como sí lo había sido en las otras ciudades que había visitado (Marcos 6:5). Él no pudo hacer ningún milagro porque las personas que lo habían conocido de toda la vida no aceptaban que Él era el auto proclamado Mesías. Esta falta de poder no tenía nada que ver con Él, más bien con el hecho de que las personas no soltaban su fe y permitían al poder de Dios actuar.

Fue esta incredulidad la que causó corto circuito en la línea de poder que venía desde el Cielo y por consecuencia perdieron las bendiciones que otras ciudades estaban recibiendo. Esta afirmación de Jesús es tan cierta:

Porque Jesús mismo dio testimonio de que el profeta no tiene honra en su propia tierra.
(Juan 4:44)

Yo he podido aprender esta lección de primera mano. El ministerio de señales y milagros que Dios me ha dado es uno que se ha desenvuelto durante un largo período de tiempo. Por años y años avancé lentamente sin mucha conmoción sin ninguna muestra demostrativa del poder de Dios.

Cuando Dios comenzó a obrar milagros en mi ministerio pareció que había sucedido de la noche a la mañana. Los cánceres fueron sanados, los ojos ciegos volvieron a ver, los oídos sordos escuchaban de nuevo en un corto período de tiempo, y para serles sincero fue un abrumador. Por supuesto, las mayores críticas vinieron de mi iglesia local. Por años y años habían visto a este hombre pararse detrás de un púlpito con nada más que mensajes sinceros que causaban lágrimas. Para que vean, cuando se regó la noticia de lo que pasaba en las otras iglesias en las cuales yo ministraba, ellos pensaron que los demás estaban hablando de otra persona.

Era de esperarse que cuando vine a ministrar en nuestra iglesia local no sucediera mucho. Eso les bastó para probar que lo habían oído no eran más que engaños. Las miradas de desaprobación, murmuraciones y críticas que caían sobre mí podían descalificar al mismísimo Señor Jesucristo. Por estas experiencias he aprendido muchas lecciones que me han ayudado cuando he ido a otras iglesias que han sido similarmente insensibles. Recuerdo una vez, cuando el Señor me permitía regresar a una iglesia en particular, una que había sido totalmente indiferente al poder de Dios.

Le pregunté irritado: "¿Por qué insistes en llevarme de nuevo a este lugar donde nadie acepta mi ministerio?"

"Por las ofrendas, por supuesto," me contestó.

"¿Ofrendas? Tú sabes que yo no trabajo así."

"Posiblemente, pero tienes que entender que ellos tampoco me escuchan a mí."

CUANDO EL GRAN PODER ESTÁ TRABAJANDO

Por otro lado, el poder demostrado en la vida de Pedro y Juan parecía ilimitado (Hechos 4:33). Después de un intenso período de consagración, 50 días de oración y ayuno en el aposento alto donde el Espíritu Santo se derramó por primera vez, fueron al templo a orar. Al pasar cerca de un hombre lisiado que pedía limosna a la entrada del templo, el hombre les pidió limosna. El mendigo no estaba seguro de cómo contestar a la respuesta de Pedro, la cual fue: "No tengo plata ni oro, pero lo que tengo te doy." Antes de que el mendigo tuviera la oportunidad de analizar las palabras de

Pedro, este lo tomó por el brazo y dijo: "en el nombre de Jesucristo de Nazaret, levántate y anda." La Escritura dice que inmediatamente sus pies y tobillos recibieron fuerza y se fue caminando, saltando y alabando a Dios.

¿Por qué había una exhibición tan dispareja de poder? Lo que vemos en Nazaret lo que sucedió en el templo parecen ir de un extremo al otro. La diferencia se encuentra no solamente en la medida de poder desatado que determina que tan grande llega a ser el milagro, pero también el recibimiento que se le da a ese poder. Este mendigo estaba necesitado de algo que el dinero no puede comprar. Cuando se presentó la oportunidad él aprovechó al máximo el poder que había sido desatado por estos humildes hombres de Dios.

La perseverancia es vital para desatar el poder de Dios. Una simple oración desesperada no mueve al Cielo al punto de recibir lo que pedimos. Tenga presente la perseverancia de Elías. Él estuvo en una situación en la cual una viuda llegó a él con una difícil petición. Su hijo había muerto y ella le pedía al profeta que lo resucitara. Él oró por el niño, pero en vano. Lo intentó nuevamente para calmar a la viuda, pero no obtuvo ningún resultado distinto. Hasta que oró la tercera vez fue cuando el niño fue resucitado. ¿Por qué tuvo que orar tres veces? ¿Por qué este milagro no sucedió después de la primera? ¿Acaso no estaba listo espiritualmente o no tenía fe suficiente?

¿Sería que oró mal las dos primeras veces y no fue hasta la tercera que Dios comprendió la petición? La respuesta a estas preguntas está en que cada vez que Elías oraba, él estaba soltando más y más poder desde el trono de Dios. Sus persistentes peticiones fueron suficientes para soltar suficiente cantidad de poder para finalmente levantar de los muertos a este niño.

RESUCITANDO A LOS MUERTOS EN NUESTROS DÍAS

¿Cuántas oraciones se necesitan para resucitar a alguien? En realidad no podría contestar esa pregunta con un número definido. Vean este testimonio que escuché hace varios años. Un joven evangelista fue llamado a un hospital donde había una persona gravemente enferma. Él intentó todo lo que pudo para ministrar esta persona antes de orar. Con toda la fe que podría reunir oró a Dios para que milagrosamente sanara a esta persona. Desafortunadamente la persona murió. Sintiéndose algo derrotado pensó llamar a las enfermeras y retirarse calladamente. Lo que Dios le dijo lo dejó pasmado, pues Dios le pidió que continuara orando hasta que Él resucitara a esa persona. Algo confundido por la petición comenzó a orar torpemente. Al poco tiempo el Espíritu vino sobre él y comenzó a hablar en lenguas. El ruido creó alboroto en los pasillos del hospital e inmediatamente una enfermera entró a ver qué estaba pasando. Al darse cuenta que el paciente había muerto quedó algo sorprendida por lo que estaba haciendo el joven evangelista. Ella le preguntó si él había notado que el paciente había muerto; él contestó que sí y continuó. Cuando llevaba unos 15 minutos orando el ambiente se había vuelto más bullicioso. Otra enfermera entró corriendo para calmarlo pero fue en vano. Él continuó profundizando en el Espíritu. Llevaba alrededor de 20 minutos orando cuando sus ojos se llenaron de lágrimas y gemidos y lamentos vinieron sobre él. Sus oraciones continuaron con gran afán; entonces la jefa de enfermeras entró a la habitación y le pidió que se fuera.

Él no respondió a sus pedidos, por lo que fue a llamar a la policía del hospital. Cuando regresaron ya llevaba unos 30 minutos, la policía se preparó para sacarlo de la habitación. En este momento la persona fue resucitada para el asombro de todos.

Este joven comprendió un concepto que pocos de nosotros hemos captado. Si obedecemos la voz de Dios y completamos nuestra tarea, soltando Su poder a través de la oración, en algún momento Dios actuará y contestará nuestra oración.

¿POR QUÉ LA ESCASEZ DE PODER?

Se debe hacer una pregunta; si la respuesta a soltar el poder de Dios es a través de la oración, ¿por qué hay tanta escasez de poder? En honor a la verdad, la fuente de poder no es el problema, es el operador. El poder que es soltado a través de nosotros no lo es todo. Esto es lo que dice Strong sobre Efesios 3:20: "Dios hará todas las cosas abundantemente, más de lo que pedimos o entendemos, según el poder que fue *distribuido* en nosotros." Tiene que haber una distribución constante de Su poder a través de la oración. Orar de vez en cuando no funcionará.

La oración eficaz del justo puede mucho.
(Santiago 5:16)

Dice el **Wuest´s Dictionary** sobre este pasaje: "la oración de una persona justa es capaz de de hacer mucho mientras funciona." La Versión Amplificada de la Biblia dice, la oración ferviente (sincera, continua) del hombre justo pone disponible un grandioso poder (dinámico en su trabajo).

¿Es difícil de entender entonces por qué Satanás lucha tanto para que no oremos? Yo creo que él entiende este concepto mejor que nosotros y hace lo imposible para asegurarse de que no nos demos cuenta de que hay una gran abundancia de poder en nosotros, solo que necesita ser suelto. Cada oración cuenta, y mientras más sinceras, fervorosas y constantes sean nuestras oraciones, más activos seremos al soltar el poder de Dios que viene del Cielo.

Según mi punto de vista, lo más desalentador de la oración es que realmente no sabemos si nuestras oraciones están siendo efectivas como para obtener una respuesta de Dios. ¿Estaré orando correctamente? ¿Estaré diciendo las palabras indicadas? ¿Sabe Él que estoy vivo? ¿Por qué intentar algo que es tan misterioso y no tenemos garantías de tener éxito? Estas son las mismas preguntas en las que me estuve haciendo por años, hasta que encontré los pasajes que voy a compartir con ustedes hoy.

En realidad hay un proceso que tiene lugar en Cielo, el cual aclarará el misterio de nuestra vida de oración. Por supuesto, este proceso todavía incluye la fe, por lo tanto no piensen que es algo rápido que resuelve sus problemas.

> *Y cuando hubo tomado el libro, los cuatro seres vivientes y los veinticuatro ancianos se postraron delante del Cordero; todos tenían arpas, y copas de oro llenas de incienso, que son las oraciones de los santos;*
>
> (Apocalipsis 5:8)

COPAS DE ORACIÓN

Las oraciones de los santos, tú y yo, son puestas en copas individuales. Al llevar nuestras peticiones ante el Señor en oración, son convertidas en incienso, y puestas en una de estas copas hasta que se llenan. Lo que pasa después es simplemente fascinante.

> *Otro ángel vino entonces y se paró ante el altar, con un incensario de oro; y se le dio mucho incienso para añadirlo a las oraciones de todos los santos, sobre el altar de oro que estaba*

delante del trono. Y de la mano del ángel subió a la presencia de Dios el humo del incienso con las oraciones de los santos. Y el ángel tomó el incensario, y lo llenó del fuego del altar, y lo arrojó a la tierra; y hubo truenos, y voces, y relámpagos, y un terremoto.

(Apocalipsis 8:3-5)

Este otro ángel del cual habla la Escritura no es más que el mismo Señor Jesucristo en Su papel sacerdotal, teniendo con Él su incensario de oro. Cuando se han acumulado suficientes oraciones y la copa está llena, entonces es ofrecida sobre el altar de oro. Aquí es donde la cosa se pone interesante. Cuando el humo del incienso asciende ante Dios, el incensario se llena de fuego del altar y es arrojado hacia la tierra. Algo impresionante ocurre en el Espíritu que comienza a afectar al reino natural. Los truenos, relámpagos y terremotos no son más que nuestras reacciones a las bendiciones masivas que acabamos de recibir. Déjenme explicarlo de esta manera. Estamos completamente asombrados por la forma ostentosa y demostrativa en la cual Dios se auto expresa.

Debido a que no sabemos cuando se llena nuestra copa, Su suministro nos llega de pronto, como un trueno o relámpago, y su impacto es tan grande que nos sacude en lo más profundo de nuestro ser. A decir verdad, en realidad no es un milagro porque hemos pagado el precio con oraciones para recibir lo que hemos recibido. Aquí es donde aparece la fe. Es por fe que continuamos orando, incluso cuando parece que no sucede nada en el Cielo. Continuamos orando aun cuando confiar en Su promesa traerá consigo burladores que nos harán dudar de nuestra fuerza de voluntad.

Cuando se ora por los enfermos, se le presta demasiada atención a aquellos que están en estado terminal. Es tal la naturaleza humana que nosotros no brillamos en la iglesia hasta que surge una situación en la cual se necesita un milagro. Como los milagros no son algo cotidiano, las personas no saben qué pensar sobre el hombre que los lleva a cabo, hasta que sucede algo que indudablemente es considerado algo de Dios.

La sanidad de dolores de cabeza, de espalda, de muelas no son suficientes para calmar a estos buscadores de milagros por lo que siempre están suplicando por más.

UNA SITUACIÓN DIFÍCIL

Se puede sentir el cambio en el ambiente de la congregación cuando un hombre ciego va caminando al altar. No parecía estar ciego debido a los lentes de sol que ocultaban su limitación. Le pedí que se quitara las gafas de sol para comprobar la situación mejor. Era completamente ciego. Le pedí que hiciera algo que no solo era difícil de hacer, sino que me iba a demostrar el nivel de su fe. Le pregunté si estaba dispuesto a caminar por el pasillo él solo para recibir su sanidad. Respondió afirmativamente y comenzó su pequeña caminata por el pasillo sin ayuda alguna. Torpemente tropezaba con las bancas, casi se cae, pero continuaba su camino sin problemas. Le tomó un poco de tiempo terminar su caminata y cuando regresó nada había cambiado. Se podía sentir el suspiro de la congregación, muestra de su decepción. Le pedí que volviera a dar la caminata y sin titubear comenzó de nuevo.

Cuando regresó el resultado era el mismo. Le pedí que lo hiciera una vez más y sin desánimo alguno comenzó de nuevo. Esta vez el ojo derecho comenzó a tener una visión borrosa y hubo esperanzas. Le pedí que repitiera el proceso cuatro veces más, serían siete en total. Al terminar todo este proceso no habían cambios en ninguno de los dos ojos. Aunque no había una mejoría significativa en su vista, en mi interior yo sentía que estaba soltando más y más poder mientras avanzábamos.

Le dije que continuara caminando diariamente sin la ayuda de un bastón o de alguien más. Él aceptó y todo quedó ahí. Llamé al Pastor a la semana siguiente para obtener noticias y me dijo que tenía el placer de contarme que el joven fue bautizado en el agua y en el Espíritu ese domingo.

Regresé a la iglesia tres meses después buscando al joven, pero no pude encontrarlo. Después que el servicio había terminado un hermano, al cual no reconocía, se acercó a la plataforma para saludarme. Me preguntó si lo recordaba, es algo que me preguntan en todos lados. Cuando vio la extraña mirada en mi rostro me dijo: "soy yo, el ciego, ¿no se acuerda?" Estaba usando espejuelos para corregir la vista de su ojo izquierdo. El ojo derecho estaba completamente normal y desde la última vez que lo había visto el Señor había abierto su ojo izquierdo. Lo exhorté a que siguiera orando para que el Señor terminara Su trabajo, y por supuesto él aceptó. Tres meses después de esto llamé al Pastor por otra razón y él me preguntó si recordaba al hombre ciego. Claro que sí. ¿Cómo podía olvidarlo? Me contó que ese mismo día el hombre ciego había obtenido su licencia de conducir y que estaba completamente sanado.

¡Orando y soltando, orando y soltando, orando y soltando! Si continuamos orando en algún momento se llenará esa copa de oraciones y Dios tendrá que manifestar Su poder sobre nosotros, porque así es como Él lo preparó.

ORANDO CUANDO TODO VA MAL

Continuar orando cuando todo va mal es uno de los desafíos más grandes que tenemos como cristianos. Incluso sabiendo que todo es parte del proceso muchas veces no persistimos en nuestros esfuerzos, a veces debido a la falta de apoyo de nuestros amigos y familiares. Como estas labores son de fe, ni siquiera el Cielo ayuda mucho durante el camino. Prácticamente estamos solos, por nuestra cuenta, dependiendo de nuestros sentimientos. Con eso en mente es que cierro este capítulo, regresando al pasaje en Efesios con el cual comenzamos. Cuando comenzamos a analizar palabras como *mucho más* y *abundantemente* y adjetivos similares, muchas veces es difícil de entender en nuestras mentes lo que realmente significan. Sé que podemos ir al diccionario y obtendremos definiciones que nos ayudarán a entender parcialmente. No obstante, no entendemos completamente y por lo tanto nos sentimos abandonados a nuestra suerte.

Me gustaría tomar el tiempo para personalmente compartir con ustedes lo que Efesios 3:20 significa para mí. Después de mi día malo (ver mi primer libro, **Un Día Malo**), no me quedaba mucho en la vida. Las pérdidas que tuve no eran solo grandes en número, también en daños emocionales, aunque la perdidas materiales se pueden reemplazar con el tiempo, comprar una casa en California era bastante difícil. Eran las heridas emocionales y espirituales las que me preocupaban.

Me vi obligado a comenzar la vida de nuevo teniendo más de 50 años. Usualmente esta es la etapa de la vida en la cual uno comienza a planear su retiro, no regresar a ser parte de la masa laboral. Era algo dudoso asegurar mi licencia ministerial y sabía que no podría depender de mi título de contabilidad pues no lo había usado en más de 20 años. ¿Cómo iba a proveer para mi familia, mucho menos encontrar una nueva esposa en estas condiciones? Estaba tan seco emocionalmente que no solo mi cuerpo físico comenzó a deteriorarse, espiritualmente tampoco era el mismo. Si Dios fuera a hacer algún milagro tendría que ser enorme porque no me quedaba nada. Esta es la triste situación cuando en la cual *"Aquel que es poderoso para hacer todas las cosas mucho más abundantemente de lo que pedimos o entendemos"* me encontró.

Lo único que me mantenía en aquel tiempo era que por alguna razón continué orando. Tan abatido como estaba, continué orando. Por cada pérdida, por cada dolor que soportaba, continué orando. Por cada lágrima que fue derramada, por cada vez que mi corazón parecía romperse, continué orando. No tenía idea de que la copa de la oración en el Cielo estaba a punto de llenarse y cuando se llenó, lo que recibí del Cielo verdaderamente fue más de lo que pudiera pedir o entender.

El proceso era lento, pero comenzó con la reparación de mi mente y mi corazón. Lentamente comencé a pensar claramente y emocionalmente me estaba convirtiendo más estable. Noté el cambio cuando comencé a reír de nuevo, algo que no había hecho por largo tiempo. El proceso de sanidad continuó cuando conocí a la mujer más maravillosa del mundo, mi futura esposa, María. Un día me senté con el Señor y anoté 12 atributos que debería tener la mujer que fuera mi próxima esposa. Era una lista de deseos, pero como era importante para mí fue importante para Él. Encontré en ella todo lo que siempre quise y más (ella es bella también, un bono extra).

Su habilidad para hacerme reír tuvo un impacto tan grande en mi vida que tengo una energía y entusiasmo por la vida increíbles. En efecto, esto ha influido mi ministerio hasta el punto que mi unción ahora es más potente de lo que era antes (ver capítulo 7). Todo sucedió porque continué orando.

Nunca dejes que el enemigo te convenza de que tus oraciones no valen. Hay un último pasaje que quisiera dejar con ustedes para asegurarles que sí valen.

Mis huídas tú has contado; pon mis lágrimas en tu redoma; ¿no están ellas en tu libro?
(Salmos 56:8)

Mientras las oraciones que haces son puestas en una copa en el Cielo, Dios también pone cada lágrima derramada en una botella. Si nuestras oraciones no son suficientes para recordarle a Él el compromiso que tiene de proveer para nosotros, seguramente una botella llena de lágrimas hará el trabajo. En tu momento de espera, cuando no encuentras las palabras, tus lágrimas tendrán tanto impacto como tus oraciones. ¡Solo sigue orando!

Capítulo 10
LEVANTADOS PARA GRANDEZA

*Estas columnas erigió **(levantó, set up-ingles)** en el pórtico del templo; y cuando hubo alzado **(levantado, set up-ingles)** la columna del lado derecho, le puso por nombre Joaquín, y alzando **(levantando, set up-ingles)** la columna del lado izquierdo, llamó su nombre Boaz.*

(1 Reyes 7:21)

Cuando escuchamos la frase "being set up-ingles, levantados" nos puede traer a la mente connotaciones negativas. Si vamos al diccionario nos daremos cuenta que hay varias connotaciones positivas. No las veremos todas, pero sí quisiera mencionar algunas que llaman la atención. "Being set up-ingles, levantados" puede entenderse como llevar a una posición alta, causar o crear, ubicar en poder (autoridad), levantarse de la depresión. Pero las connotaciones negativas son las que parecen fijarse más en nosotros. Dicen que "being set up-ingles, levantados" significa encontrarse en una situación comprometedora o peligrosa ya sea por trucos o engaños. En realidad la frase que escuchamos es "están (set up-ingles) levantados para un engaño."

A pesar de eso, el Señor usa la palabra "levantado" para traer a nuestras mentes la connotación positiva. La usa de forma tal que podamos concentrarnos en la dirección de donde vienen nuestras bendiciones.

Todas las bendiciones comienzan en el Cielo y vienen hacia la tierra, donde nosotros Sus hijos somos los beneficiaros. Es una forma de recordarnos que como hijos de Dios Él nos ha levantado y ubicado en una posición elevada, no solo en poder sino también autoridad.

Cuando somos preparados por Dios es con la intención de sacarnos de nuestra depresión y hacer que Se sienta orgulloso. Esto es lo que Dios hará por nosotros.

> *Te abrirá Jehová su bien tesoro, el cielo, para enviar la lluvia a tu tierra en su tiempo, y para bendecir toda obra de tus manos. Y prestarás a muchas naciones, y tú no pedirás prestado. Te pondrá Jehová por cabeza, y no por cola; y estarás encima solamente, y no estarás debajo, si obedecieres los mandamientos de Jehová tu Dios, que yo te ordeno hoy, para que los guardes y los cumplas.*
> (Deuteronomio 28:12-13)

¿Dónde está el secreto? Solo necesitamos tener en cuenta los mandamientos que Dios nos ha dado para que las promesas de grandeza se cumplan. Él está dispuesto a abrir las ventanas de los cielos para que lluevan bendiciones sobre nuestro trabajo. Seremos llevados a la cabeza del grupo y no nos quedaremos atrás, porque Él lo ha dicho.

Seremos líderes en nuestras comunidades, iglesias y familias, marcando la diferencia en las vidas de los demás para que todos vean los logros a los que nos ha llevado el Señor. Nuestra influencia en la sociedad será tan grande que ellos vendrán a nosotros buscando respuestas, no solo en la fe sino en otros aspectos de la vida también. ¡Sin duda hemos sido creados para grandeza!

UNA VIUDA QUE ES LEVANTADA

Hay un pasaje en el Antiguo Testamento sobre una viuda que parece ser que se le levantó para una caida. (2 Reyes 4:1-7). Su vida como esposa de un profeta fue buena.

Su esposo, que gozaba del respeto de las personas, permitía disfrutar de una vida sin muchas dificultades. Todas las necesidades de la vida eran suplidas por el ministerio de su esposo. A ella no le faltaba casi de nada. La Escritura continúa diciendo que de pronto, sin esperarlo, su esposo murió dejándola a ella con muchas cuentas por pagar. Ella nunca había trabajado en su vida, además tampoco se les permitía a las mujeres hacerlo. ¿Cómo podría resolver esta situación? ¿Por qué Dios habría permitido tanta dicha para quitarla de repente? ¿Fue levantada para un engaño? Mientras más analizaba su situación, más difícil se veía. No había trabajo, ni dinero, ni solución.

Fue entonces cuando el profeta Eliseo pasó por su casa. Simplemente preguntó: "¿Qué tienes en la casa?" A esta altura, cualquier cosa de valor que hubiera tenido ya había sido vendida o llevada por los acreedores; para ella esto no resolvía nada. "Una vasija con aceite," dijo ella, como si fuera a resolver algo con eso. Él quería asegurarse de que ella estaba dispuesta a dar lo poco que tenía con el objetivo de producir un gran milagro.

El Señor continúa trabajando en nuestras vidas de la misma manera. Continuamente nos pide que usemos lo que tenemos, incluso si no es suficiente para producir una respuesta, porque en Su inmensa sabiduría Él conoce que a través de Su Espíritu puede suplir lo que nos falte. Él le preguntó a Moisés que tenía en la mano, y cuando él contestó "solo una vara," eso fue suficiente para producir señales y milagros que a la postre convencieron al Faraón de dejar a los hijos de Israel salir de Egipto. No fue más que una mandíbula lo que usó Sansón para derrotar a sus enemigos.

David tenía un salmo para calmar a un rey enojado y Ester usó su consagración para ayudar a que Israel no fuera aniquilado. No podemos olvidar tampoco al pequeño niño que dio sus dos peces y cinco panes para alimentar miles y miles de personas. Dios siempre usará lo que se le da, sin importar que tan pequeño o insignificante sea. Nunca subestime el poder de Dios.

SIEMPRE ES REALIZABLE

El profeta le pidió algo realizable. Ella debía ir a donde los vecinos y pedir tantas vasijas como pudiera. Dios no le estaba pidiendo que fuera y pidiera dinero. El nivel de estrés de la petición era tan difícil como ir y pedir una taza de azúcar. Dios estaba usando pequeños pasos para aumentar su fe. Entonces la enormidad de la bendición dependía de su voluntad de pedir.

... no tenéis lo que deseáis porque no pedís. (Santiago 4:2) La lógica indicaría pedir la cantidad de vasijas que pudieran llenarse con la cantidad de aceite que ella tenía en su vasija. Su fe diría: "tiene que haber alguna razón por la cual el profeta me está diciendo que reúna todas las que pueda, así que voy a salir y a ver cuántas puedo conseguir."

La lógica siempre nos permitirá alcanzar menos en el área de la fe. Dios quiere bendecirnos sobre todas las cosas que podamos pedir o pensar y aun así cuestionamos Su amor y nos conformamos con menos. Me gustaría hacer algunas anotaciones muy importantes sobre este pasaje.

En el momento que esta mujer comienza a actuar por fe para producir su milagro, la decisión más grande que ella tomó en este proceso fue involucrar a sus dos hijos. Ella comprendió que lo que estaba a punto de pasar iba a elevar el nivel de su fe de una forma que ella no conocía. Como muchos de nosotros que dependemos de nuestras personas con autoridad para hacer el trabajo duro, estoy seguro que ella estaba acostumbrada a dejar que su esposo hiciera la parte difícil. Pero aquí estaba ella, a punto de ser testigo del milagro más grande que Dios hubiera hecho para ella en lo personal y sus hijos estaban ahí también.

Ella quería que los hijos pudieran ver en primera fila la mano de Dios actuando en sus vidas en este momento de necesidad. Después de esta experiencia ellos no podrían negar la habilidad de su Dios y Su amor por ellos. Los programas de nuestra iglesia son maravillosos, aunque honestamente creo que hemos llevado al extremo la especialización en el ministerio.

Separamos toda la familia en grupos y aunque muchas veces puede ser ventajoso hay algo importante en adorar a Dios como una familia. La razón por la cual me he convertido en un amante de la "oración" es porque fui testigo de cómo mi madre oraba, en la iglesia y en la casa. El ejemplo que ella me dio al orar juntos fue lo que me liberó para tener la libertad de buscar a Dios con todo mi corazón y mi alma. Su adoración nunca se detuvo, fueran momentos buenos o malos, y su ejemplo es el que me mantiene luchando en momentos de necesidad.

CERRÁNDOLE LA PUERTA A LO NEGATIVO

Una vez que entraron y se encerraron, la viuda comenzó a echar aceite en las vasijas vacías como le indicó el profeta. Una de las connotaciones de "set up- ingles, levantado" que mencionamos al inicio del capítulo era ser ubicado en poder y/o autoridad. Fue esta jurisdicción de autoridad la que esta mujer usó para generar su respuesta. Usualmente en este momento es cuando nos quedamos cortos. Tenemos tanta hambre de poder que siempre estamos buscando más y no nos damos cuenta que si usamos la autoridad que Dios ha puesto en nuestras manos tendríamos mucho más éxito al obedecer la voz de Dios.

Fue la autoridad de la viuda puesta en acción lo que, junto con el poder de Dios, produjo la grandeza en su vida. ¿Cuál fue el resultado final? Ella y sus hijos recibieron una bendición más grande de la que pudieron imaginar. No solo le pudo pagar a sus acreedores, sino que le alcanzó para vivir el resto de su vida. Ahora, permítanme especular un poco al respecto. Sé que la Escritura dice que ella vivió de lo que quedó por el resto de su vida, no obstante no creo que todo esto haya sucedido una sola vez. Una única bendición es muy parecida a haber ganado la lotería y todos sabemos que el Señor prefiere usar otros recursos sobre la lotería para proveer para nosotros. Estar financieramente asentados de por vida prácticamente elimina el factor de fe, y sabemos que *sin fe es imposible agradar a Dios* (Hebreos 11:6). Me inclino más a pensar que cada vez que la viuda necesitaba dinero, esa vasija de aceite vacía se llenaría durante la noche, cuando todos dormían.

Al despertarse la mañana siguiente el milagro se habría reproducido por sí solo y sus necesidades serían satisfechas una vez más. ¿Pueden imaginarse la cara de los vendedores al ella aparecerse regularmente con su vasija llena de aceite? Ellos sabían que ella no tenía los medios para producir el aceite; por Dios ¿de dónde lo sacaba? "Venía del Cielo, por supuesto." Sabiendo que ella era una mujer respetable nadie se atrevería a dudar de su palabra, además Dios tenía que recibir el crédito por este inexplicable evento. La mejor parte de todas era que Dios recibía la gloria. ¡Ella había sido levantada para grandeza!

NO ES UN ERROR

Los sueños de grandeza son dados periódicamente a aquellos que son muy jóvenes o inmaduros para entender su valor. Esto es exactamente lo que le pasó a José al despertar una mañana después de haber recibido de Dios un sueño de grandeza (Génesis 37: 5-11). Él comenzó a contarles el sueño a sus hermanos, el cual los dejó consternados. Inclinarse ante el más joven no era la idea que ellos tenían de cómo manejar una familia. Continuó contando sobre su dominio sobre los mayores sin darse cuenta de lo infantil de su alarde. ¿Habría sido José levantado para un engaño? Realmente no, ese era el método de Dios. He comprendido que algunas veces Dios nos da sueños de grandeza cuando sabe que no nos los podemos callar. La inmadurez no es una buena razón para entorpecer lo que Dios quiere hacer en nuestro futuro. Permítame explicarle el porqué. Dios utiliza esta oportunidad para ayudarnos a crecer en nuestra grandeza. Aunque tengamos tropiezos en nuestro camino, vayamos lentamente, o incluso lo hagamos a un lado desilusionados Dios sabía de antemano que eso iba a pasar. Él comienza a animarnos con la esperanza de que veamos lo que Él ve y en su momento lleguemos al lugar que Él nos ha prometido desde el comienzo.

La pregunta es, ¿estamos dispuestos a esperar? Mientras esperamos que se desarrolle la grandeza no estaremos inactivos necesariamente. Poner tu vida en pausa no es lo que Dios tenía en mente. Debemos afirmar nuestros pies, atravesando cualquier adversidad que aparezca en nuestro camino y esperando hasta que la gracia de Dios llegue. Esperar por grandeza fue el sustento de José porque ciertamente su sueño no se realizó en el período de tiempo que él esperaba. Al igual de preocupado que estaba al recibir su sueño, estaba de ansioso cuando vio que su sueño tendría que esperar por varios años. Para empeorar las cosas, fue al poco rato de haber anunciado las grandes cosas que Dios haría en su vida que todo se desmoronó. Por hablar tanto fue vendido como esclavo y enviado a una tierra muy lejana, obligado a aprender nuevos idiomas y costumbres. Después fue inculpado por una mentira de la esposa de su jefe y enviado a la cárcel.

Mientras seguía esperando en una celda, comenzó a interpretar sueños para otros presos y cuando estos tuvieron la oportunidad de devolver el favor, José fue olvidado por completo. Habían pasado trece años cuando José fue llamado ante el Faraón para que le interpretara un sueño y cuando terminó, su vida cambió para bien al fin.

MINISTRANDO SIN IMPORTAR NADA MÁS

Lo que se debe considerar es el hecho de a pesar de estar sufriendo él debía ministrar sin que importara la situación. Una y otra vez he visto a varios hombres de Dios renunciar a sus posiciones en el momento más importante de la batalla. Ese es el peor momento para renunciar a la lucha. El Señor prospera en las situaciones imposibles, así deberíamos hacer nosotros. Cuando la vida nos hace una mala jugada es que somos purificados en el horno de la aflicción y consecuentemente moldeados a imagen de Dios.

Al trabajar con las impurezas e imperfecciones de José, Dios subió la temperatura del horno para se pudieran separar del carácter de Dios en su vida. El resultado final fue un José nuevo, listo para entrar en su grandeza.

JOAQUÍN Y BOAZ

Ahora es el momento de tratar el pasaje que está al inicio de este capítulo. En verdad es un recordatorio de grandeza oculto el que encontramos en el Antiguo Testamento. El templo construido por Salomón era una de las maravillas arquitectónicas del mundo en aquella época. La Escritura nos dice que habían dos pilares erigidos en la entrada del templo. El rey trajo para la construcción a Hirán, de Tiro, el cual era un maestro de la artesanía, quien con destreza y sabiduría construyó estas obras de arte. Entre otras cosas estaban intencionalmente cubiertas con bronce para llamar la atención al resplandecer brillantemente.

El bronce estaba pulido para darle un efecto de espejo y le permitía a los que pasaban verse reflejados. Su belleza solo era superada por su propósito. El pilar de la derecha fue llamado Joaquín, que significa "Dios consolidará." El pilar de la izquierda fue nombrado Boaz, que significa "en Dios hay fuerza." Si se unen los dos significados forman esto: Dios te consolidará en Su fuerza. Cada mañana cuando el sacerdote comenzaba su camino hacia el templo, justo antes de entrar tendría que pasar estos dos pilares, los cuales le recordaban que Dios lo había preparado para grandeza. No importaba lo que él pudiera encontrar durante el día, allí tenía escrito lo que le daba la confianza de que Dios no solo estaría ahí para ayudarlo, sino para ayudarlo a alcanzar la grandeza. ¿Cómo influye eso en nuestras vidas al saber que es un pasaje del Antiguo Testamento? Dios lo ocultó lo suficiente para que con un poco de esfuerzo pudiéramos encontrar esta promesa oculta y tomar parte de esta magnífica bendición. El templo del Antiguo Testamento ya no existe para recordarnos esta promesa, no obstante ha sido remplazado por el templo del Nuevo Testamento, el cual es nuestro cuerpo según las Escrituras.

> *¿No sabéis que sois templo de Dios, y que el Espíritu de Dios mora en vosotros? Si alguno destruyere el templo de Dios, Dios le destruirá a él; porque el templo de Dios, el cual sois vosotros, santo es.*
>
> (1 Corintios 3:16-17)

Nosotros somos el templo de Dios y ese mismo mensaje está grabado en los pilares de nuestros corazones. De la misma manera que el templo del Antiguo Testamento fue remplazado, así sucedió con el sacerdocio de la tribu de Leví.

> *Mas vosotros sois linaje escogido, real sacerdocio, nación santa, pueblo adquirido por Dios, para que anunciéis las virtudes de aquel que os llamó de las tinieblas a su luz admirable;*
>
> (1 Pedro 2:9)

Nosotros, como generación escogida, hemos tomado los atuendos reales del sacerdocio junto con todos los privilegios que conlleva. No hay razón para que nos conformemos con ser segundos, ser primeros está al alcance de la mano, solo tenemos que tomarlo. Dios nos consolidará en Su fuerza y no hay nada que demonio pueda hacer para detenerlo.

Nosotros somos nuestros peores enemigos. Nuestro fallo en encontrar pasajes como este y ponerlos en práctica limita la grandeza que Dios quiere traer a nuestras vidas. Nos dejamos llevar por el ajetreo del día a día y así nos olvidamos del lugar que tenemos en Él y lo que Él quiere llevar a cabo a través de nosotros. Nos hundimos por la carga de nuestras vidas y nuestra visión no es clara. Nuestra llegada a las puertas es tan lenta como el paso del caracol porque permitimos que el enemigo venga y nos robe la victoria. En momentos como estos es que debemos ir a las Escrituras para reafirmar nuestra posición. No debemos permitir que el orgullo entorpezca nuestro camino hacia la verdad, debemos admitir que la falta de esperanza le puede pasar a cualquiera y despertar de nuestra inactividad sin importar lo que nos cueste.

UN OPORTUNO RECORDATORIO

Llevaba alrededor de dos semanas en camino cuando choqué con la pared. Esos catorce días parecieron catorce años y no podía regresar a casa lo suficientemente pronto. Fue un tramo en el que no pasaba más de un día en las iglesias que llegaba. El recibimiento que recibí en mi visita era muy parecido al clima, caluroso y sucio. No importaba lo que predicara, ni que tan duro me esforzara ministrando a las personas necesitadas en cada iglesia local; todo pasaba desapercibido, sin importancia y despreciado. Hubo momentos en los que estaba en mi habitación del hotel sin nadie quien atendiera mis necesidades. Sé que parece que me quejaba por las cosas pequeñas, pero las ofrendas eran tan pocas que tenía miedo de no tener dinero suficiente cuando fuera a regresar a casa y el hecho de gastar cualquier cantidad de dinero, por pequeña que fuera, para alimentarme era algo estresante.

Comencé a analizarme personalmente a ver si había algo en mi vida que necesitara ser cambiado para ver si eso ayudaba a cambiar el ambiente en aquellas iglesias. Después de buscar a Dios sinceramente, llegué a la conclusión que tendría que perseverar hasta el final. Después de pasar dos semanas en esta situación fue que ya no pude más. Al llegar a la última iglesia en la que debía ministrar ya había decidido de antemano que no iba a ministrar y mi plan era hacer todo lo que pudiera por hacer el servicio lo más corto posible. Recuerdo que las preliminares fueron bastante secas, sin mucho movimiento del Espíritu de Dios. Mentalmente estaba desesperado y rogaba porque el servicio de cantos no se extendiera. Cuando finalmente me paré detrás del púlpito y comencé a predicar me di cuenta que la reacción de la congregación era la misma que en las iglesias anteriores.

Una de las ventajas de ser un predicador Pentecostal es que recibimos energía del grupo que responde bulliciosamente. En una iglesia que es tranquila por naturaleza tenemos que esforzarnos un poco más para que reaccionen. Yo no tenía ni la voluntad ni la fuerza para esforzarme y llevarlos a ese estado de ánimo y en verdad no me importaba. Por alguna razón me sentí obligado a preguntar si había algún enfermo o necesitado en la congregación y para mi gran asombro algunos se levantaron. Me apresuré en orar por ellos hasta que llegué a una situación para la cual no estaba preparado. Una mujer que había esperado pacientemente a que yo terminara con todos se acercó al altar caminando cuidadosamente con un bastón. Se notaba que temblaba. El espíritu apático que tenía dentro de mí cambió completamente. Con cierta sorpresa le pregunté cual era su problema. Ella dijo que sufría de artritis y Parkinson. Mi mente estaba tan bloqueada que no recordaba lo que era el Parkinson, mientras, ella me explicaba que no tenía control sobre las extremidades que temblaban en su cuerpo. Ella continuó diciendo que los doctores no tenían esperanzas de que se recuperara y que tendría que adaptarse a vivir en esas condiciones.

Fue en ese momento en el que descendió sobre mí una ira santa y me puse muy emocional. Lágrimas comenzaron a llenar mis ojos y pude sentir el Espíritu de Dios y una unción especial esparciéndose en mí. Entonces Él susurró algo en mi oído que nunca olvidaré, dijo: "Para esto es que te he llamado, para traer esperanza a los que no la tienen. Así que deja de sentir lástima por ti mismo y pon tus manos sobre esta mujer para que Yo la pueda sanar en él nombre de Jesús." Al hacerlo, hubo un cambio inmediato en su semblante. Soltó el bastón, dejó de temblar y me dijo que el dolor en su cuerpo había desaparecido completamente. Le pregunté si podía dar una pequeña caminata y con la ayuda de la esposa del Pastor ella fue y regresó por el pasillo sin ningún problema.

Para entonces, las lágrimas corrían sin control por mi cara y no pude hacer otra cosa que pedirle perdón a un Dios que siempre está dispuesto a hacerlo. Había olvidado mi llamado para la grandeza y esa fue la forma en la que Dios me recordó que Sus promesas son irrevocables. En ese momento no me importaba lo que había vivido en las dos semanas pasadas, lo que Dios había hecho esa noche lo recompensaba. El viaje de siete horas de regreso a casa esa noche pareció una caminata en el parque y nada podía desacreditar el mensaje personal que Dios me había dado.

Debido a que somos Sus hijos y Él se preocupa por nosotros incondicionalmente todos tenemos promesas de grandeza.

Grande o pequeño, hombre o mujer, blanco o negro, estudiado o no, todos tenemos la misma oportunidad de grandeza. Si la alcanzamos o no solo depende de nosotros. La responsabilidad es nuestra. Dios quiere que seamos partícipes de Su provisión y si nos damos cuenta que Él siempre está de nuestro lado, entonces nosotros también alcanzaremos la grandeza.

Books Available in English

Libros Disponibles En Español

George Pantages Ministries

George Pantages
Cell 512 785-6324
geopanjr@yahoo.com
Georgepantages.com

www.ingramcontent.com/pod-product-compliance
Lightning Source LLC
LaVergne TN
LVHW051606070426
835507LV00021B/2789